歴史の歯ぎしりが聴こえる

国家権力による虚構

「泊・横浜事件」と「大逆事件」

向井嘉之
金澤敏子
西村　央

細川嘉六ふるさと研究会

はじめに

治安維持法による逮捕者六〇余名に及ぶ、戦前最後にして最大といわれる言論弾圧事件「泊・横浜事件」のキーマンであった細川嘉六と、ふるさと・泊町（現・富山県下新川郡朝日町泊）をともにし、戦前から嘉六と親交があった阿部不二子が亡くなったのは二〇二二（令和四）年一一月一三日だった。かつてこの国を揺るがした「泊・横浜事件」を長年取材してきたドキュメンタリストの金澤敏子が阿部不二子に初めて会ったのは「泊・横浜事件」の再審開始が決定した二〇〇五（平成一七）年であったが、当事者もほとんどが亡くなり、事件を語る人がいなくなるなかで、金澤は二〇一二（平成二四）年、阿部不二子らと「泊・横浜事件」端緒の地・泊町で「細川嘉六ふるさと研究会」を発足させた。

金澤らは、当時八六歳だった阿部不二子の言葉に導かれる

金澤と細川嘉六の墓参りをする阿部不二子さん（向かって右）朝日町大安寺　2014（平成26）年　風間耕司さん提供

ように細川嘉六の思想を顕彰し、言論弾圧の嵐が吹き荒れた時代の記憶を語り継ぐ活動をささやかながら続けてきた。

「細川嘉六ふるさと研究会」は、発足の年に『泊・横浜事件七〇年　端緒の地からあらためて問う』を発刊、「泊・横浜事件」から七五年にあたる二〇一七（平成二九）年七月には、当時、成立したばかりの「共謀罪」法に懸念（けねん）を表明、常に「戦争はだめ、日本は同じわだちを踏んではいけない」と言っていた阿部不二子が自ら「泊・横浜事件」の生き証人として、戦時下、獄中にあった細川らの様子について語った。

さらにその二年後の二〇一九（平成三一）年二月、「Editor's Museum小宮山量平（こみやまりょうへい）の編集室」（長野県上田市）の荒井きぬ枝から、『細川嘉六著作集』全三巻の補巻資料が見つかったとの連絡を受けた。この編集室は元理論社の社長で編集者でもあった小宮山量平によって、二〇〇五（平成一七）年に設立され、小宮山が二〇一二（平成二四）年に亡くなったあと、長女の荒井きぬ枝が管理・運営を続けている。

「細川嘉六ふるさと研究会」では、二〇〇〇字詰め原稿用紙一〇〇〇枚以上に及ぶ貴重な未発表の補巻資料を整理・分析し、二〇一九（平成三一）年一二月、かねてからの懸案であった『スモモの花咲くころに　評伝　細川嘉六』を刊行した。発刊について、「Editor's Museum小宮山量平の編集室」や細川家の財産管理にあたってきた「ジャパン・プレス・サービス」との共同編集という形をとった。

二〇二〇（令和二）年以降、コロナ禍の影響を受け、市民活動もままならず、「細川嘉六ふるさと研究会」の活動も停滞を余儀なくされたが、時の権力に屈せず、自らの言論を貫きとおした細川嘉六の精神を忘れないという思いは変わらない。

二〇二三（令和五）年夏、「細川嘉六ふるさと研究会」のみならず、「泊・横浜事件」の関係者にとって衝撃的な訃報がもたらされた。それは泊町が端緒となった「泊・横浜事件」の元被告で中央公論社編集者だった木村亨の妻、木村まきの死去だった。木村まきは戦後、夫の亨と再審請求運動に力を尽くし、一九九八（平成一〇）年、亨の死去後は、再審請求人となって国の責任を追及しつづけた人で、いわば、「泊・横浜事件」全体の再審請求運動にあって象徴的な存在であった。

二〇二三（令和五）年一二月一九日から一週間にわたって東京都練馬区のギャラリー「古藤」で、木村まきを偲んで「治安維持法の時代を考える」ひとつの集まりが開かれた。「細川嘉六ふるさと研究会」から、金澤敏子、西村央が参加し、「泊・横浜事件」とその時代を現代の眼であらためて確認することになった。

「泊事件」というのは、細川嘉六のふるさと・泊町で一九四二（昭和一七）年七月に「共産党再建準備会」が開かれたという虚構の設定から始まっていた。木村まきが本人の死去後に再審請求人となった木村亨もこの「泊事件」で検挙された一人である。

木村亨について少し紹介しておきたいが、実は木村亨自身は和歌山県新宮市のすぐ近く、那智勝浦町宇久井の出身である。小学生の頃、母方の祖母・中村きわから「大逆事件」で処刑された新宮の医師・大石誠之助のことを知らされた。祖母は、小学校に入った頃の木村をつかまえて「なんであんな立派なお医者さんを殺しちゃうん

木村亨・まき夫妻　1990（平成２）年　ギャラリー「古藤」提供

だ」と悔しがっていた[1]という。大石と同じ新宮出身の作家・中上健次は小説『鳳仙花』の中に大石医師を登場させ「合図は診察室の硝子（ガラス）窓をコン、コン、コンと三つたたく。山仕事や木場引き、それから下駄なおしが多く医者にかかる余分な金がないのを知っていたので、コン、コン、コンと三つの合図を送ると無料になった」[2]と、かつて有名だった大石のエピソードをそれとなくこの作品に引いている。

大逆事件については第二章以下で詳述するが、「紀州新宮グループ」として、大石誠之助以外にも犠牲になった人たちが多くいた。「大逆事件」は、「泊・横浜事件」より三〇年ほど前の一九一〇（明

診察室での大石誠之助　出所：幸徳秋水全集編集委員会編『大逆事件アルバム　幸徳秋水とその周辺』明治文献、1972

新宮市の大石誠之助宅跡　2023（令和5）年11月　向井嘉之撮影

治四三）年、治安維持法前の絶対主義的天皇制を守るために国家権力が仕組んだ虚構の冤罪事件である。「泊・横浜事件」では、四人が獄死、さらに保釈直後に一人が命を落とした。「大逆事件」では一二人が刑死した。ともに国家によるでっちあげ事件の犠牲となった人たちのことを思う時、悲しみという言葉では到底すまされない、歴史の歯ぎしりが聴こえてくる。世界では、ロシアのウクライナ侵攻、イスラエルとパレスチナの争いをあげるまでもなく、戦争は終わるどころか、国家が個人のいのちを奪い続けている。

国家主導による個人の抹殺とは一体何なのか。「大逆事件」と「泊・横浜事件」を通してその本質を考えてみたい。

ここでいくつかお断りをしておかねばならない。まず「泊・横浜事件」という表記についてである。初めてこの事件を知る人も最近では多いが、そもそも何かおどろおどろしい事件が実在したかのように錯覚されるかもしれない。詳しくは後に詳述するとして、事件とされたことは太平洋戦争のさなかに特高がフレームアップ（でっちあげ）した妄想のシナリオというべきもので、いくつかのでっちあげが空中楼閣といえばいいのか、全くの虚構に基づく冤罪であった。その端緒とされるのが別名「共産党再建準備会事件」ともいわれる「泊事件」である。一般的には「泊事件」をはじめ、治安維持法によるこの言論弾圧のでっちあげ事件を総称して「横浜事件」と表記されている場合が多いが、本書では、「泊事件」端緒の地からの発刊であり、「泊・横浜事件」と総称する。

次に本書第一章その一、その三では、「細川嘉六ふるさと研究会」が二〇一二（平成二四）年に発刊した『泊・横浜事件七〇年　端緒の地からあらためて問う』からの一部転載に、その後の一〇年の歩みを加筆、さらに二〇二三（令和五）年一二月末、木村まきを偲んで東京で開催された「治安維持法の時代を考える」集いも取材・加筆した。一方、「大逆事件」関係ではこの事件の真相を明らかにするために、多くの困難な作業に取り組んできた先人の方々の資料を参考にさせていただいた。心から敬意を表したい。二つの事件の資料転載にあたっては資料集的性格も考え、修正せずに掲載したものもあるが、極めて読みづらい資料については現代かなづかいに変更した。氏名については、失礼を省みず、原則として敬称を略させていただいた。ご了承いただきたい。内容の不十分さは全て筆者らの責任である。

本書は「細川嘉六ふるさと研究会」金澤敏子・西村央・向井嘉之による共著である。出版にあたっては多くの方々にご協力をいただいた。篤くお礼を申し上げたいと思う。

向井嘉之

引用文献

［1］木村亨自伝（聞き手・礫川全次）「抵抗こそが人生だ」歴史民俗学研究会『歴史民俗学』六号、批評社、一九九七
［2］中上健次『鳳仙花』小学館、二〇一五

参考文献

（1）細川嘉六ふるさと研究会『泊・横浜事件七〇年　端緒の地からあらためて問う』梧桐書院、二〇一二
（2）細川嘉六ふるさと研究会『スモモの花咲くころに　評伝　細川嘉六』能登印刷出版部、二〇一九
（3）木村亨追悼集刊行委員会『人権日本の夜明け求めて　熱きひと　木村亨追悼』一九九九
（4）横浜事件第三次再審請求弁護団『横浜事件と再審裁判』インパクト出版会、二〇一五

目次

国家権力による虚構

歴史の歯ぎしりが聴こえる

「泊・横浜事件」と「大逆事件」

第一章

国家権力による言論弾圧「泊・横浜事件」

その一　酷暑の夏に木村まきは逝った

木村亨・まきを偲ぶ

戦時下最大の言論弾圧とされる「泊・横浜事件」元被告・木村亨の妻で、再審請求人として亨の無罪を訴え続けた木村まきが二〇二三（令和五）年八月一四日、東京都清瀬市の自宅で発見され、死亡が確認された。七四歳だった。

二〇二三（令和五）年の夏は猛暑日が続いた。八月一四日、マンション管理人は、まきの自宅マンションの新聞がたまったままだったので不審に思い、警察と消防に連絡、警察官らがベランダから部屋に入った。室内を調べた結果、まきが亡くなっていることが確認された。日頃からまきと親交があり、まきと、近々の予定で治安維持法関係の企画を相談していた武蔵大学教授・永田浩三と国家賠償ネットワーク世話人・磯部忠が駆けつけた。

永田によると、部屋のいたるところに、木村亨に関する資料、本のほか、集会・講演会のチラシ、資料のコピーが山積みの状態で足の踏み場もなかったという。風呂場の脱衣場、トイレのフロアにい

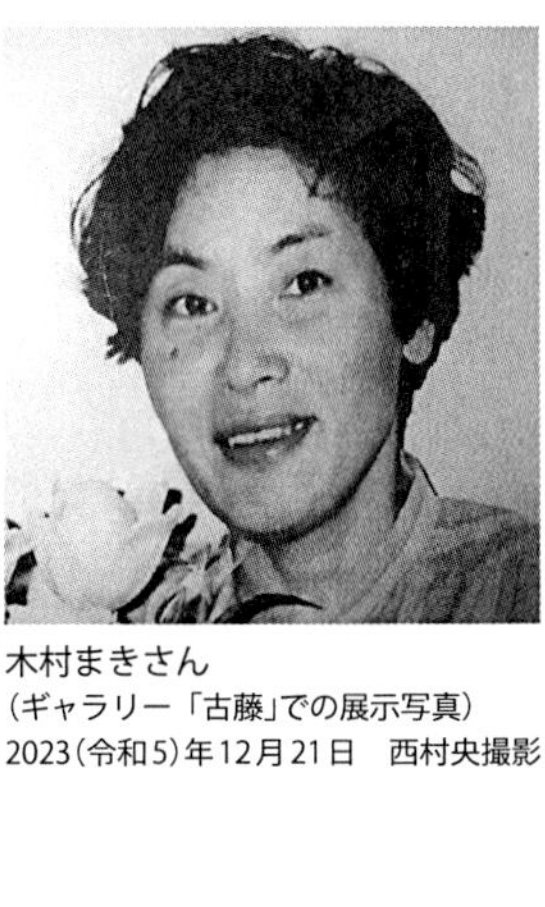

木村まきさん
（ギャラリー「古藤」での展示写真）
2023（令和5）年12月21日　西村央撮影

たるまで資料がびっしりで、木村亨に関することは一枚の紙切れも捨てることなく遺したままの状態だったと話す。亨の思い出に満ちた部屋でまきは逝った。

木村まきは一九四九（昭和二四）年岩手県に生まれ、埼玉県川口市立女子高を卒業後、看護協会の出版関係編集者として三〇年余り勤務する。木村亨の講演と上映会参加を機に支援者として行動を共にし、「父に似ている」と惹かれ、一九九二（平成四）年、四三歳の時に、三四歳年上の亨と結婚。一九九八（平成一〇）年、亨の急逝直後、自ら「泊・横浜事件」の再審請求人になった。木村亨との結婚後は、写真やビデオ撮影など「泊・横浜事件」のすべてを記録してきた。

亨亡きあと、いわば「泊・横浜事件」を背負って生きてきた木村まきを偲び、二〇二三（令和五）年一二月一九日から二四日まで、東京・練馬区の「ギャラリー古藤」で「治安維持法の時代を考える」展示と集いが開催された。

武蔵大学が目の前にあるギャラリー「古藤」は、実はまきにとって亨の遺志を伝える闘いの場でもあった。木村亨没後二〇年にあたる二〇一八（平成三〇）年にはみずから「横浜事件と言論の不自由展」を開催、人権ひとすじに取り組んだ亨を偲んだ場でもある。

二〇〇五（平成一七）年から「泊・横浜事件」の取材を通して、木村まきと何度も会ったことのある筆者（金澤）は、開催初日早朝、

東京・練馬区　ギャラリー「古藤」 2023（令和5）年12月19日
金澤敏子撮影

木村亨・まき夫妻　1992（平成4）年　　ギャラリー「古藤」提供

「横浜事件と言論の不自由展」で木村亨について話すまきさん　2018（平成30）年
ギャラリー「古藤」提供

富山を発って会場へ出かけた。

「木村まきを偲んで　治安維持法の時代を考える」集いは年末にもかかわらず盛況だった。実行委員長は永田浩三、永田はかつて、日本軍「慰安婦」被害の責任を問う女性国際戦犯法廷のNHK番組が政治介入によって改変させられる際の番組プロデューサーだった。武蔵大学における永田ゼミでは「泊・横浜事件」を取り上げ、まきを招いて再審の体験を学生に講演してもらったこともあった。これを受けてゼミ生たちが、まきを主人公にしたビデオ作品「国は嘘（うそ）をつく―木村まき・横浜事件を考える」を二〇一七（平成二九）年に制作している。

ギャラリー内には、木村夫妻が関わった「泊・横浜事件」の貴重な資料や写真、木村亨の著書、まきの制作ビデオなどが並べられている。展示の中では木村亨の日記の数々がひときわ目を引いた。聞くところによるとまきの自宅にはほぼ八〇冊の亨の日記があったという。日記の始まりは亨が一八歳の一九三四（昭和九）年、そして亨が亡くなる二年前の一九九六（平成八）年三月一二日までの日々が丹念に綴られていた。

ギャラリー「古藤」の大崎文子が話してくれた。「ギャラリーの物置にまだこれと同じくらいあるのよ。今回のイベントは、まきさんを偲んでする企画なので、まきさんが遺した本関係ですが、自宅にあった主なものを会場にいらした方全員に差しげることにしたんです」とのことで約一〇〇冊あまりの書籍はすべて参加者にわたされるという。

会場にはまきとともに「泊・横浜事件」の再審を闘った仲間たちや多くの友人が顔を見せていた。詩誌『コスモス倶楽部』でまきと一緒だった坂井ていは「まきさんは亨さんの資料の置き場所なら、どこにどんな資料があるか全部御存知でね、はいこれよ、って山のように積み上げられた中から瞬時に出してくれましたよ。」と語り、「自分が今、活動していることの資料をカバンに詰め込んで、会う人ごとに配ったり、お話ししていらした。自分自身の目指すことがはっきりしていたわね。社会的活動家よ。この前、まきさんにお菓子だったかしら何かを差し上げたら、お仏壇にあげるわって。まきさんは生涯を亨さんに捧げたんですよ」と、まきのあまりの急死を悼んだ。

また、まきの友人・藤原麗子は「横浜事件というか治安維持法に関心を持っていて勉強会に参加し

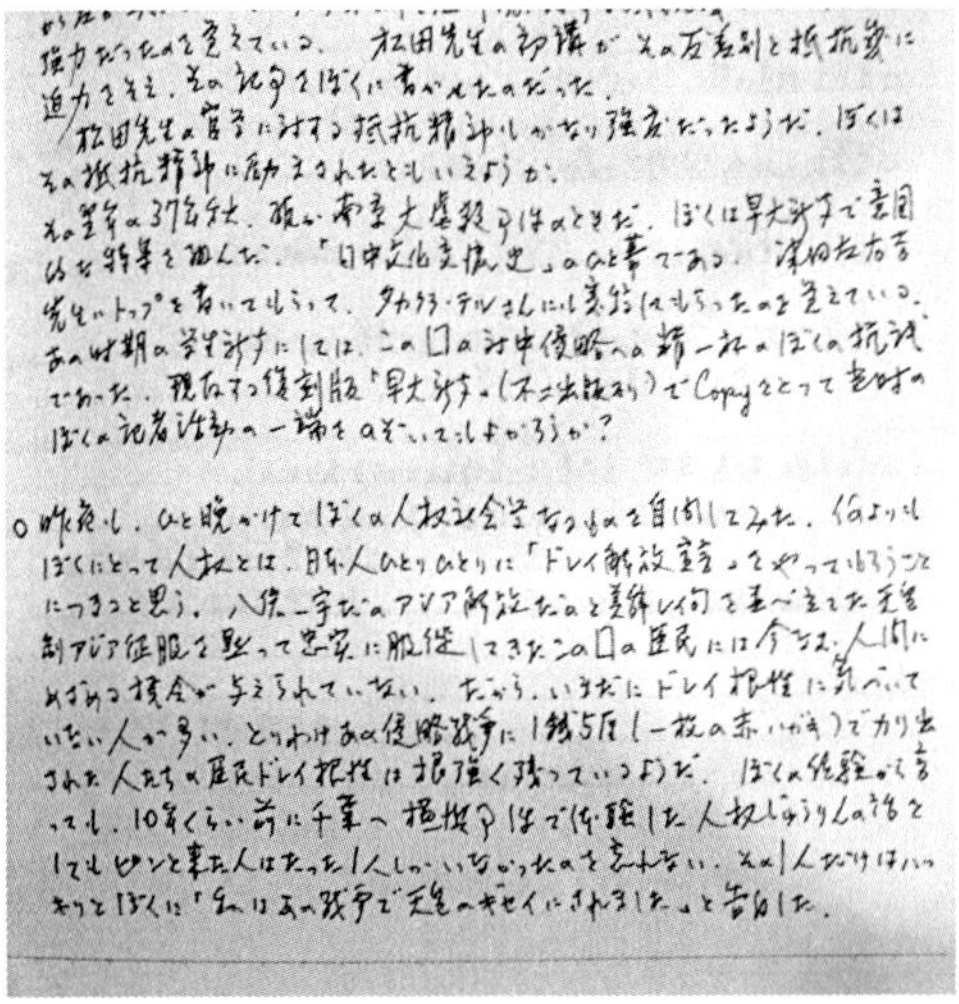

強力だったのを覚えている。松田先生の講義がその反差別と抵抗魂に迫力を与え、その記事をぼくに書かせたのだった。
松田先生の官学に対する抵抗精神もかなり強烈だったようだ。ぼくはその抵抗精神に励まされたともいえようか。
その翌年の37年秋、彼が南京大虐殺事件のときだ。ぼくは早大新聞で意図的な特集を組んだ。「日中文化交流史」のひと書である。津田左右吉先生にトップを書いてもらって、タカクラ・テルさんにも寄稿してもらったのを覚えている。
あの時期の学生新聞にしては、この国の対中侵略への精一杯のぼくの抵抗であった。現在も復刻版「早大新聞」（不二出版刊）でCopyをとって当時のぼくの記者活動の一端をのぞいてはどうか？

○昨夜も、ひと晩かけてぼくの人権社会学なるものを自問してみた。何よりもぼくにとって人権とは、日本人ひとりひとりに「ドレイ解放宣言」をやってもらうことにつきると思う。八紘一宇だのアジア解放だのと美辞麗句を並べ立てた天皇制アジア征服を黙って忠実に服従してきたこの国の臣民には今なお人間にめざめる機会が与えられていない。だから、いまだにドレイ根性に気づいていない人が多い。とりわけあの侵略戦争に1銭5厘（一枚の赤いがみ）で狩り出された人たちの臣民ドレイ根性は根強く残っているようだ。ぼくの経験から言っても、10年くらい前に千葉へ講演で依頼した人権ほうりつの話をしてもピンと来た人はたった1人しかいなかったのを忘れない。その1人だけはハッキリとぼくに「私はあの戦争で天皇のギセイにされました」と告白した。

木村亨の日記ノートと原稿　2023（令和5）年12月19日
金澤敏子撮影

ていました。二〇一八年の頃、朝日町のあの料理旅館『紋左』へ行ってきましたよ。事件の現場となった舞台ですよね。『紋左』であの本『泊・横浜事件七〇年』も買いました。再審の時から私たちカンパもしましたしね。あの国賠の終わり方というのか、まきさん、怒るというより、失望、絶望。今後の自分自身のまとめようがない、とおっしゃってました。ことばがなかったですね。私たち国民はどんどん平和ボケしていってますね。メディアの責任もあると思いますよ」と話してくれた。

さらに『コスモス倶楽部』で誌友だった大杉豊も会場にいた。

大杉豊は幸徳秋水らの影響を受け、社会運動に参加した大杉栄の甥にあたる。大杉栄は三兄弟で栄が長男、次男が伸、三男が豊の父・勇であった。大杉栄は一九二三（大正一二）年九月一日の関東大震災後の人心の錯乱の中、九月一六日、社会主義者を危険視していた憲兵隊により、伊藤野枝、そしてまだ六歳の子どもだった橘宗一とともに憲兵隊に虐殺された。まさに権力犯罪による非業の死であった。栄が殺された当日に訪ねた弟が豊の父である。[1]

大杉栄については第二章その三において、平民社による「赤旗事件」との関連で詳述したい。

ギャラリー「古藤」を訪れた大杉豊さん　2023（令和5）年12月19日
金澤敏子撮影

木村まきを偲ぶ初日夕方からのトーク・ビデオ上映イベントには六〇人を超える参加者があり、ギャラリー「古藤」の椅子はあっという間に埋まり、武蔵大学の永田ゼミ生たちが制作したビデオ作品「国は嘘をつく―木村まき・横浜事件を考える」が上映されたあと、実行委員長でもある永田浩三の話が続いた。

トークの前に筆者（金澤）が永田にインタビューした際に永田が力説したのは冤罪事件のことだった。永田が取り上げたのは「狭山事件」で、この事件は一九六三（昭和三八）年、埼玉県狭山市で発生した高校一年生の少女を被害者とする強盗強姦殺人事件で無期懲役刑が確定した元被告人の男性が再審請求を申し立てている。確かに最近は重大な人権侵害につながる冤罪が問われる事件が相次いで報道されている。一九六六（昭和四一）年に静岡県で一家四人が殺害された事件で死刑が確定した「袴田事件」の再審開始が決まり、ようやく冤罪からの救済へ向かって前進した。

最も記憶に新しいところでは二〇二三（令和五）年の年末に判決が出た、横浜市の大川原化工機の公安捜査違法は、「嘘の自白」を拒み続けた同社の顧問技術者が長期拘留中に死亡すると

実行委員長の永田浩三さん
2023（令和5）年12月19日
金澤敏子撮影

参加者でいっぱいのギャラリー「古藤」
2023（令和5）年12月19日
金澤敏子撮影

いう痛ましい最期となった。あってはならない捜査機関による捏造だった（二〇二四・令和六年一月一一日現在、東京都と国は、逮捕・起訴を違法と認定した東京地裁判決を不服として東京高裁に控訴、原告側も「冤罪の真相を明らかにしたい」として控訴している）。永田の話は「泊・横浜事件」に共通する冤罪の恐ろしさを強調したのである。

冤罪事件では自白の信ぴょう性が捜査の要になるが、特に「泊・横浜事件」では、治安維持法の容疑で検挙されたあげく、留置場では特高警官による非道な拷問が相次ぎ、自白を強要された。拷問によるでっちあげは調書作成の常套（じょうとう）手段だった。

木村亨は拷問を通じて人権が無惨に蹂躙（じゅうりん）されたことを一生の問題として語り続け、まきも亨とともに人権闘争に取り組んだ。あってはならない拷問、これこそ国家権力が犯した権力犯罪の象徴ではないか、と木村夫妻が訴え続けたことを永田は、まきに代わってまず話した。

筆者は和歌山県新宮近辺の出身だった木村亨が「大逆事件」についてどう思っていただろうかと質問してみた。永田によれば、木村亨は全くの冤罪事件だった「大逆事件」に関し、新宮出身だった大石誠之助らの名誉を晴らそうと頑張っていたし、新宮グループの頑張りを常に胸においていた。特に戦前、国家が持っていた暴力的なものについて戦後はしっかりと語っていたと強調した。

トークイベントで「国賠ネットワーク」世話人の磯部忠が、国の責任を問うた国賠訴訟について報告した。それによると、「二〇一八（平成三〇）年一〇月に東京高裁は控訴を棄却したため、ただちに最高裁へ上告の手続きに入った。しかし『上告理由書』を高裁に送付する五〇日の期限を超過したため、二〇一九（平成三一）年一月に東京高裁は上告を却下、これは期限を勘違いしたミスだった。特別抗告、国賠の再審などで再考を求めたが、すべて棄却され、二〇二〇（令和二）年九月に司法を通した国の責任追及は終わった。その一端に関わった者にとって、小さな棘が残っている感じは否めない。まきさんの無念さ、残念さは如何ばかりかと思う」と述べた。

では、木村夫妻が生涯をかけて訴えてきた「泊・横浜事件」とはなんだったのか、木村亭が語り続けてきた「泊事件」を中心にあらためてそのでっちあげの構造を明らかにしておきたい。

事件から八〇年「泊・横浜事件」

戦時中最大の言論弾圧とされる「泊・横浜事件」であるが、その構造は極めて複雑怪奇である。まず元中央公論社社員として検挙され、激しい拷問を受け、虚偽の自白を強制された木村亭に関連する「泊事件」から説明していきたい。事件の舞台とされたのは新潟県と境を接する前述の富山県泊町（現・富山県朝日町泊）である。

この泊町が「泊・横浜事件」全体の端緒の地となったのは、そもそも泊町は太平洋戦争以前から国際政治学者、ジャーナリストとして活躍していた細川嘉六の出身地だったからである。

当時、強制的な思想統制の道具として威力を発揮していた治安維持法は、最終の拡張期に入り、一九四一（昭和一六）年三月、新治安維持法が公布された。一九四一（昭和一六）年、日米開戦、戦争を批判する者、協力しない者は徹底的に弾圧を受けた。自

細川嘉六
（1888・明治21年－1962・昭和37年）

由主義者、民主主義者といわれる言論人・大学教授もねらわれた。また、開戦直後の一九四一（昭和一六）年一二月に成立した言論出版集会結社等臨時取締法により、軍部の意向ひとつで新聞、雑誌などが差し止められることも可能になった。『中央公論』や『改造』といった時代をリードするオピニオン誌は「奴隷の言葉」を使い、何とか生き延びようとしていた。[1]この頃である。細川嘉六の論文「世界史の動向と日本」が雑誌『改造』の一九四二（昭和一七）年八月号と九月号に掲載された。筆者（向井）もこの論文を読んだが内容は「この戦争で日本は欧米帝国主義と同じ道を辿ってはならない。新しい民主主義のもと、アジア各国の独立を尊重すべきである」という要旨だった。まずこの論文そのものが治安維持法違反として細川は警視庁に検挙された。検挙の意図はこの論文における「共産主義」の宣伝・扇動にあるとされた。

この論文に関し、著者の細川自身、終戦後の一九四五（昭和二〇）年一〇月九日の『朝日新聞』紙上で「この論文は新しい民主主義を主張としたもので、大東亜戦争に突入した日本が将来如何にしたら悲惨な目にあはずにこの難局を切り抜けることができるかという憂国の至情に駆られて筆をとったものです。当局は論文中にある弁証法とか生産力といふ言葉は赤だといって責め上げましたが、誰が見てもこの論文から共産主義主張が出て来ぬことが判ると今度は私の友人達を検挙し友人達の口から『細川は赤だ』と言わせようとしたのです[2]」と述べている。

いずれにしてもまず確認しておきたいのは、「世界史の動向と日本」に関わる論文の筆禍（ひっか）事件で検挙されたのは細川のみで、神奈川県特高課が暗躍した「泊・横浜事件」とは直接の関連はないということである。ただ、この筆禍事件で細川が名指しされ、追起訴によっていわば、「泊・横浜事件」の中心

改造細川嘉六問題深刻

軍官民再檢討

責任問題よりも思想訓練

既報のごとく綜合雜誌『改造』に連載された細川嘉六氏の論文が圖らずも問題化し、これを契機として軍官民方面から雜誌書籍出版關係者に對する思想的檢討が要請されてゐる、雜誌書籍出版事業は文化の有力なる要素であり、國民思想の動向に重要なる關係を有するものであることは今更いふまでもなく殊に『改造』が細川嘉六氏の論文を二回に亘つて掲載したといふことは細川氏の思想はもとより、改造編輯者の非常時認識の缺如はまさしく念の入つたものであり、本問題に關する今後の發展は極めて注目すべきであるに鑑み、日本編輯者協會に於ては同問題に關し決議を行ふ豫定となつてゐると傳へられる、然しながら問題は單り改造或は細川氏または當該編輯者のみの問題ならず、よしんば當該關係者等が謹愼または辭職等の引責を講ずるともそれにて終るものでもなく、且つ日本編輯者協會が如何なる決議を行ふともそれにて落着する性質のものでもない、一方に於て適當なる指導的檢閲方針を確立すると共に雜誌書籍出版事業に携はるものゝ全部を眞の日本思想に徹せしむべく根本的なる再訓練再檢討を敢行し、彼等の思想を根本から燒き直さねばならぬ問題であるとされ、今後の成行に重大關心が拂はれてゐる

『やまと新聞』　1942（昭和17）年9月20日付け

「中央公論」「改造」解体の實相

細川氏の論文 發端

編輯陣にも無謀な彈壓

昨年六月突如として我國の代表的綜合雜誌として多年我國思想界に指導的役割をになひ知識階級に愛讀されてゐた「中央公論」「改造」の二社が當局の彈壓によつて解散の余儀なきに至つたが、この裏面には實に次の様な奇怪なる彈壓事件が秘せられてゐた

◇泊事件　先づ當局によつてデッチ上げられたものは泊事件である昭和十七年八月、九月の改造に細川嘉六氏の「世界史の動向と日本」と題する論文が掲載されたがこれが情報局によつて共產主義宣傳と指摘され、九月に至つて前記掲載誌は發禁となり、筆者細川氏は同月十四日檢擧された

これより先七月五日細川氏が郷里富山縣泊町の料亭に交友關係にある改造社の相川博、小野康人、中央公論社の木村亨、滿鐵の西尾忠四郎（當時細川氏は滿鐵の囑託であつた）外三氏を招いて一日の淸遊を行つたが當局はこの會合を共產黨再建を議したものとし前記論文の執筆、發表もその目的のためここに於て發表したるものとして翌年五月右七氏を檢擧した

◇昭和塾事件　一方日本の政治、經濟を科學的に研究してゐた昭和塾を當局はマルクス主義の研究團體なりとして十名を檢擧したがこの中に中央公論記者の和田喜太郎氏が含まれてゐた、なほこの事件は同塾のバックに關係をもつものとして近衞勢力の打倒をねらつた政治的陰謀も企圖されてゐた、これら事件に據き當局は中央公論改造等の編輯方針が左翼的であるとなし、かつ雜誌編輯者の組織を通して共產主義運動を展開せんとしたものとしてその方に彈壓の手が伸び、十九年一月、元中央公論編輯長小森田一記、同記者淺石晴世、改造編輯長大森直道らの諸氏をはじめ日本評論その他出版界、雜誌編輯者等二十數名が檢擧された、この一連の事件がつひに中央公論、改造を解体せしめたのであるが、このため嶋中雄作、山本實彥の両社長も連日辛烈な取調べを受け、被檢擧者に對する拷問は言語に絕するものがあり、その底知れぬ擴大ぶりには文化人の間に恐怖時代を現出したものであつた

この内なぜか和田氏のみ二年の實刑を宣告され抗告したが、却下されて服役中十九年一月十二日獄死、更に淺石氏は同年十一月十二日拘禁中に死亡、また西尾氏は十九年六月榮養失調その他で瀕死の状態にあつたので保釋となつたが七月死亡した、他の人には終戰後の九月十五日一齊に公判に附されそれぞれ刑の執行猶豫を申渡されて出所し細川氏のみ十月十五日公判の豫定であつたが、今回の治維法の廢止により解消となつたものである、入獄中彼等のうけた迫害はこの種事件と通有のあらゆる暴行の連續で和田氏の死もこの結果による精神的および肉体的打擊からと友人たちは見てゐる

右につき小森田一記氏は語る

私は昭和十三年より十五年の間「中央公論」の編輯長だつたが、當時の編輯方針が左翼的であつたといふのが檢擧の理由のやうです、昭和十九年一月神奈川縣に引つぱられ拷問と誘導訊問で共產黨との關係を追及され一年七箇月の間拘置所と未決生活をやりましたが、神奈川縣では十六疊の監房に二十六人も押込められ、虱や南京虫に苦しめられました、この七箇月間は一回も入浴を許可されませんでした、結局起訴されて懲役二年執行猶豫三年の判決を言渡され、漸く九月四日釋放されましたが、中央公論社からは八名、改造社六名、日本評論から六名編輯スタッフが犠牲を蒙つたわけです

無理に〝赤〟と斷定

眞相を語る細川氏

「改造」昭和十七年八月、九月号に「世界史の動向と日本」と題する論文を寄せたため治維法違反として檢擧された評論家細川嘉六氏は當局の彈壓の眞相を次の如く語つた

あの論文を讀んだ陸軍報道部長谷萩大佐が赤の宣傳ではないかと言つたといふのがきつかけで、情報局の官吏が「改造」を發禁処分にし私を同年九月十四日に檢擧したのです、この論文は新しい民主主義を主張としたもので、大東亞戰爭に突入した日本が將來如何にしたら根本的な目にあはずにこの難局を切り拔けることが出來るかといふ觀點の至情に驅られて筆をとつたものです

當局は論文中にある弁證法とか生產力といふ言葉は赤だといつて責め上げましたが、誰が見てもこの論文から共產主義的主張が出て來ぬことが判ると今度は私の友人達を檢擧し友人達の口から「細川は赤だ」と言はせようとしたのです、世田谷署では上田、西田兩警部補から暴行を受け獰猛な警官と思想上の論爭をしても始まらぬと思つたのでやむなく妥協したのです、豫審でも當局から相當いぢめられましたが終戰後は急に態度が軟化し證據書類を燒却し豫審判事の如きは妥協を申込んで來たやうな醜態ぶりでした、結局十月十五日に公判を開くことになつて九月一日保釋出所して來たわけです

〝仕組んだ陰謀〟

戰慄すべき拷問の連續　木村亨氏談

泊事件で他の六氏と共に檢擧された中央公論社の木村亨氏は二年三箇月間の獄中生活にやせおとろへた顔で憤激の色を表はしつゝ次の如く語つた

全く當局の仕組んだ陰謀です、彼等は事實を以て事件を構成することができず暴力を以て事件を構成しようとした、豚箱の中で調べられてゐる時など、當局の言ふことを否認すると裸にして五六回投げ飛ばして置いてから太さ指三本位のロープで打つたり、椅子をこはして作つた木刀で頭、背中を殴り足腰を蹴るのです、また竹刀をばらばらにしたもので肩や背中を打ち革のスリッパで顔を叩いたりして失神状態にでもなると用意して置いたバケツの水をぶつかけ氣を取り戻すと重ねて用意して置いた筋書通りの調書や手記を目の前に突き付け承認しろといふのです

全く封建時代の水牢ぜめみたいなものであつた、このやうな拷問のため檢擧者は當局の豫定の如く作製されて檢事局に廻され、私は横濱刑務所に送られたが、終戰後の八月二十一日豫審が始まるまで丸一年間何の調べもなくほうつて置かれました、豫審はたつた三日で終つた、終戰後當局の出方は全く失笑に値するものであつた、豫審判事等治維事件は除外するからどうか今までの事は水に流して妥協してくれないかと頼むのです、だがわれわれはあくまで不法拘禁だと頑張つたのですが、九月十五日の公判でわれわれが皆否認するにも拘はらず左翼的意圖の下に雜誌を編輯したといふ理由で皆一様に懲役二年に三年の執行猶豫といふ奇怪な判決をうけた、公判のあとに判事は近々恩赦もあることだからこの辺で我慢してくれと申入れて來たりした、この事件は全く想像もできぬやうな不法と暴力とで仕組まれた戰慄すべきものであつた

『朝日新聞』　1945（昭和20）年10月9日付け

的存在として連座させられていく。

では、「泊・横浜事件」の構造とはどのようなものなのか、まず『横浜事件の人びと』を著した中村智子作成の「横浜事件検挙関係図」を引用する。この図は実際にこのような事件があちこちで起きたというのではなく、当時の特高が勝手につくりあげた事件名を手がかりに中村が整理したものである。

以下は筆者らが二〇一二（平成二四）年に発行した『泊・横浜事件七〇年　端緒の地からあらためて問う』に執筆したなかから、事件の概要を要約したものであるが、「泊・横浜事件」の検挙第一号は一九四二（昭和一七）年九月一一日の川田寿・定子夫妻の検挙で、事件名は「米国共産党員事件」と仰々しい。川田夫妻は前年の一九四一（昭和一六）年、アメリカから帰国したばかりであったが、アメリカ共産党からの指令を持ち帰ったとの疑いをかけられ、危険思想の持ち主を水際で阻止するとして、神奈川県警特高が検挙したものである。検挙された時、川田は世界経済調査会資料室長として労働問題の研究を行っていた。ただ、この川田夫妻の検挙から関係図にある敗戦三ヵ月前の最後の検挙者、岩波書店の小林勇までの六二名は現実にそれぞれのグループがさまざまな言論弾圧事件を繰り広げたなどという事実はどこにもなく、単に被検挙者が特高の描いた構図と筋道にしたがって虚偽の自白を強要された結果できあがった一大空中楼閣なのである。いわば特高の拷問により、あたかも事件の連鎖があったかのようだが、単に人から人へのつながりを治安維持法という手段を使って奇怪な冤罪事件をでっちあげたことに他ならない。

では本書で主として取り上げる「泊事件」、つまり細川や木村が連座したとされる「共産党再建準備会事件」へのフレーム・アップはどのような経緯ででっちあげられたのか、『横浜事件―言論弾圧の構

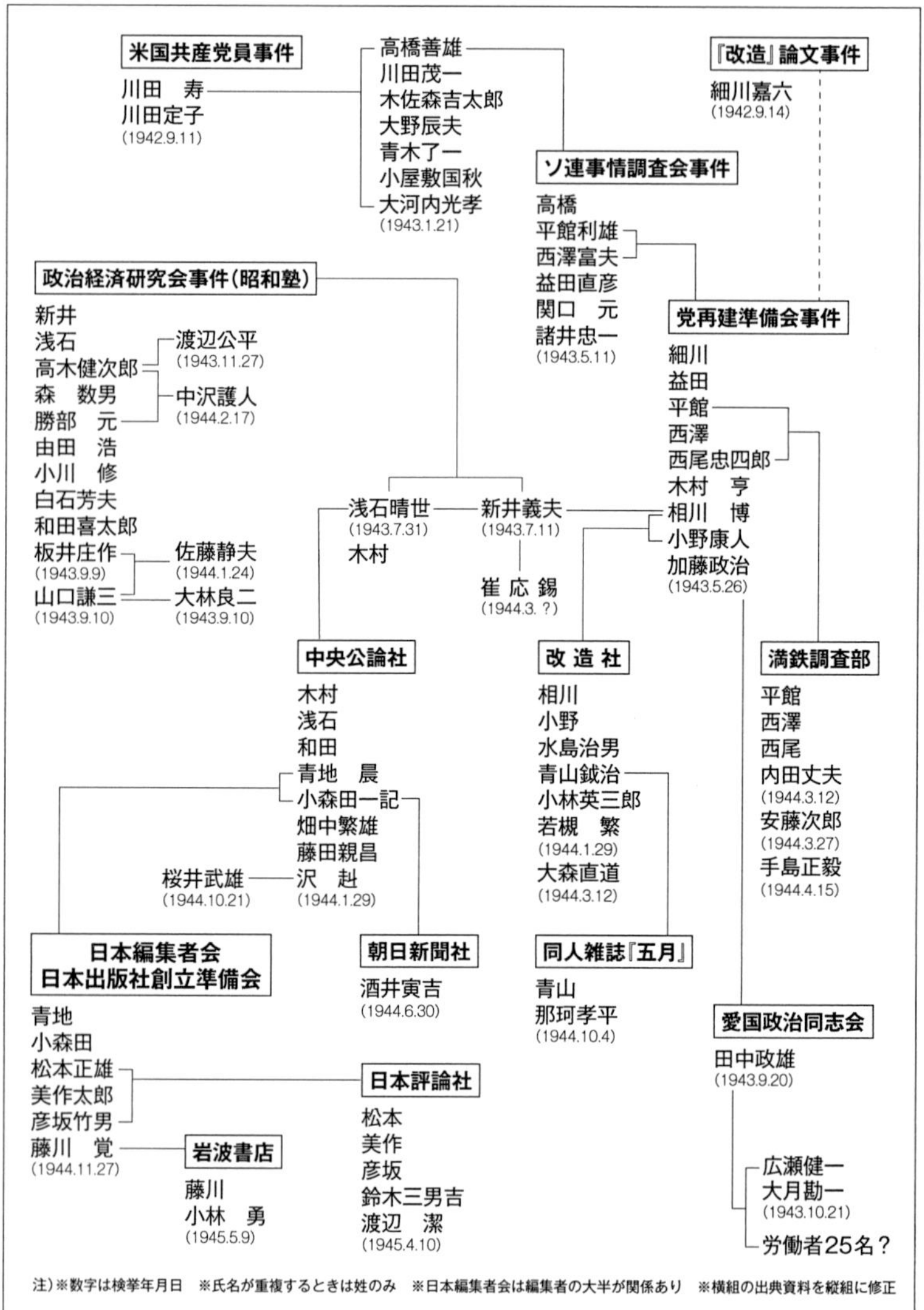
米国共産党員事件
川田　寿
川田定子
(1942.9.11)
高橋善雄
川田茂一
木佐森吉太郎
大野辰夫
青木了一
小屋敷国秋
大河内光孝
(1943.1.21)
『改造』論文事件
細川嘉六
(1942.9.14)
ソ連事情調査会事件
高橋
平館利雄
西澤富夫
益田直彦
関口　元
諸井忠一
(1943.5.11)
政治経済研究会事件(昭和塾)
新井
浅石
高木健次郎
森　数男
勝部　元
由田　浩
小川　修
白石芳夫
和田喜太郎
板井庄作
(1943.9.9)
山口謙三
(1943.9.10)
渡辺公平
(1943.11.27)
中沢護人
(1944.2.17)
佐藤静夫
(1944.1.24)
大林良二
(1943.9.10)
党再建準備会事件
細川
益田
平館
西澤
西尾忠四郎
木村　亨
相川　博
小野康人
加藤政治
(1943.5.26)
浅石晴世
(1943.7.31)
木村
新井義夫
(1943.7.11)
崔 応 錫
(1944.3. ?)
中央公論社
木村
浅石
和田
青地　晨
小森田一記
畑中繁雄
藤田親昌
沢　赳
(1944.1.29)
桜井武雄
(1944.10.21)
改 造 社
相川
小野
水島治男
青山鉞治
小林英三郎
若槻　繁
(1944.1.29)
大森直道
(1944.3.12)
満鉄調査部
平館
西澤
西尾
内田丈夫
(1944.3.12)
安藤次郎
(1944.3.27)
手島正毅
(1944.4.15)
日本編集者会
日本出版社創立準備会
青地
小森田
松本正雄
美作太郎
彦坂竹男
藤川　覚
(1944.11.27)
朝日新聞社
酒井寅吉
(1944.6.30)
同人雑誌『五月』
青山
那珂孝平
(1944.10.4)
愛国政治同志会
田中政雄
(1943.9.20)
日本評論社
松本
美作
彦坂
鈴木三男吉
渡辺　潔
(1945.4.10)
岩波書店
藤川
小林　勇
(1945.5.9)
広瀬健一
大月勘一
(1943.10.21)
労働者25名？
注)※数字は検挙年月日　※氏名が重複するときは姓のみ　※日本編集者会は編集者の大半が関係あり　※横組の出典資料を縦組に修正

横浜事件検挙関係図

出所：中村智子『横浜事件の人びと』田畑書店、1979

図』は次のように述べる。

> （引用者注：検挙第一号の）川田氏は、開戦の年の一月にすでに帰国しており、外務省の外郭団体・世界経済調査会に勤務する温厚な研究者であったが、スパイ容疑と国際共産党とのつながりを執拗（しつよう）に調べられ、そのたびごとに暴力を用いられた。横浜事件に連座しただ一人の女性定子夫人にたいする凌辱（りょうじょく）は言語に絶するものがあったという。やがて検挙の手は、川田氏の肉親、同僚、知人におよび、兄茂一氏や勤務先世界経済調査会の高橋善雄（一九四三年一月二一日逮捕、四四年五月二三日獄死）、諸井忠一、関口充、益田直彦らがつぎつぎと捕らえられた。高橋氏が満鉄東京支社調査室の研究者たちとともにソ連事情調査会を組織していたことから満鉄調査室にも飛び火し、西沢富夫、平館利雄（ひらだてとしお）らが四三年五月一一日、検挙された。この時、西沢氏の家宅捜索から、特高は一枚の写真を発見した。
>
> 細川氏を中央にして集まった七名の記念写真である。カメラ持参の西尾忠四郎（ちゅうしろう）が、旅館の中庭でうつした写真であった。浴衣がけで、旅にくつろいだこの一枚の写真から、特高は途方もない妄想をいだくにいたるのである。[3]

特高が発見したこの一枚の写真が、「共産党再建準備会事件」の何よりの証拠とでっちあげられるのであるが、この写真が撮られた背景を説明しよう。

太平洋戦争下、一九四二（昭和一七）年七月五日、富山県泊町の料理旅館「紋左（もんざ）」に地元泊町出身で

旅館「紋左」中庭での記念写真、後方左より小野康人、細川嘉六、西沢富夫、前方左より平館利雄、木村亨、加藤政治、相川博　1942(昭和17)年7月
西尾忠四郎撮影

現在の料理旅館「紋左」　2023(令和5)年11月
金澤敏子撮影

あった国際政治学者、細川嘉六が日頃から親しくしていた出版社の編集者や研究者を招いて懇親の機会を持ったことに始まる。細川は『植民史』（東洋経済新報社）の印税五〇〇円（当時のお金）が入ったこともあり、満鉄調査部の平館利雄・西沢富夫・西尾忠四郎、中央公論社の木村亨、東京新聞社員で前の東洋経済新報社編集者の加藤政治、それに改造社の相川博・小野康人（やすひと）の七人を招き、細川が日頃から自慢していた郷土の新鮮な魚や、山菜料理を御馳走したいという、全く懇親そのものの集いであった。

この懇親会の折、西尾が「紋左」中庭で記念にと撮影したスナップ写真一枚が、特高の妄想に結びつく「共産党再建準備会」としてフレームアップさせられたのである。写真の中心に細川がいるのを見つけた横浜の神奈川県特高は、一九四三（昭和一八）年五月一一日の西沢・平館の検挙に続き、半月後の五月二六日、相川・小野・加藤・木村の四名とその写真を撮った満鉄の西尾を一斉に検挙した。細川はこの「泊事件」の中心人物として身柄は警視庁から横浜へ移された[4]。

筆者（金澤）は二〇〇五（平成一七）年から「泊事件」を調べているが、復刻版『特高月報・昭和一九年八月分』には「細川嘉六を中心とする所謂（いわゆる）党再建準備会なる非合法グループ事件」として、細川嘉六らが被疑者となっている。また、泊への懇親に参加しなかった中央公論社の編集者、浅石晴世（あさいしはるよ）や世界経済調査会の益田直彦の名もある。この特高月報には「之等の同志は一昨年六月富山県泊温泉に於いて細川を中心に会合して日本共産党の再建に付協議し、爾来之が準備のため活動して来れり」などと記載されているが、この記述にある泊温泉なるものはそもそも存在しないし、いかにでっちあげのストーリーかがわかる。筆者は一九六〇（昭和三五）年頃から「泊事件」に関心をもって調べていた富山県下新川郡入善町の奥田淳爾（じゅんじ）（故人）に特高の地元での取り調べの様子について聞いてみたが、細川らが懇親会を開いた料理旅館「紋左」のおかみ・柚木ひさや宴会をした「三笑楼（さんしょうろう）」の主人・平柳梅次郎らからは何も聞きだすことができなかったという。奥田はこの事件の調査を始めた頃から慰労会に参加した木村とは特に交流が深く、数多くの木村からの手紙を保管していた。奥田の自宅の本棚には拷問を受けた人々の著書など、事件に関する出版物や記録が並んでいた。

本書では「泊事件」を主に取り上げるが、「泊・横浜事件」全体としては、氏名未確認の人を加えるとおよそ九〇名が太平洋戦争中の一九四二（昭和一七）年九月から、敗戦の一九四五（昭和二〇）年五月にかけて治安維持法により神奈川県特高警察により検挙されている。本書「まえがき」にでも書いたように、この間、激しい拷問などにより、投獄中に亡くなったのは四人で、「泊事件」の西尾忠四郎のように、いわば獄死に等しい、保釈直後に病死した人もいる。

治安維持法とは

ではそもそも、「泊・横浜事件」捏造の直接の元凶である言論・思想統制の根拠「治安維持法」とはどんな悪法だったのか、筆者なりに概観してみる。時代的には明治維新から近代国家をめざした日本が、日清戦争、日露戦争のあと、第二章で取り上げる「大逆事件」を経て、第一次世界大戦へと、まさに一〇年毎に外国との戦争を繰り返した日本が国際的な荒波にもまれる頃に入っていた。奥平康弘は『治安維持法小史』において、この時代を次のように説明する。「第一次大戦後、社会主義革命の達成・ソ同盟の成立をはじめとした国際環境の変化が生じつつあるなかで、日本でも明治的な社会秩序・社会意識が変容にさらされていた。社会主義を目ざす結社活動その他の大衆運動が、新しく台頭しはじめた。社会支配層は、このうごきに対処するのには、伝統的＝明治国家的な治安体制では不十分とみてとり、新治安立法を模索した。こうして一九二二（大正一一）年、高橋是清（政友会）内閣は『過激社会運動取締法』案を議会に提出した。この政府提出法案は、先議した貴族院で大きな修正をうけてようやく貴族院を通過したものの、衆議院の段階で、審議未了、廃案となった。支配層の意図は実現しなかったものの、明治国家的な治安体制はもはや有効でないという認識がある以上は、どうしてもこれに代わる新しい治安立法を作りあげねばならないことになる」[5]。

ロシア革命の影響は日本でも広がりをみせ、共産主義の思想に共鳴する風潮が増す中、一九二二（大正一一）年には日本共産党が非合法の政党として活動を始めた。一九二五（大正一四）年二月には普通選挙法と抱き合わせで治安維持法が成立、その年の五月に施行された。

治安維持法第一条には希代の悪法の目的と罰則が明確にある。

治安維持法第一条
国体ヲ変革シ又ハ私有財産制度ヲ否認スルコトヲ目的トシテ結社ヲ組織シ又ハ情ヲ知リテ之ニ加入シタル者ハ十年以下ノ懲役又ハ禁固に処ス
前項ノ未遂罪ハ之ヲ罰ス

治安維持法の目的は「国体」を、すなわち天皇制を転覆させようとする目的、あるいは「私有財産制度」を否定しようとする目的をもった「結社」を取り締まるもので、これらの目的に沿った「結社」

を組織したり、加入したりする行為を犯罪とするという法律であった。つまり、治安維持法の最大の問題は、それまでの治安警察法が政治活動や社会運動などの具体的な行為を制限したものであったのに対し、この法律は行為ではなく、思想そのものを犯罪として取り締まることであった。そして三年後の一九二八（昭和三）年、緊急勅令による改悪で国体変革目的の結社の組織は最高刑が死刑とされ、「結社ノ目的遂行ノ為ニスル行為」も同等に処罰（目的遂行罪）されることになった。この年、一九二八（昭和三）年には警察に特高課が設置されるなど、日本の帝国主義は軍国主義化へと進んでいく。時局はさらに、中国とのいわゆる一五年戦争の始まりとなる一九三一（昭和六）年の満州事変（柳条湖事件）勃発から一気に軍部支配が強まった。このあと一九三六（昭和一一）年の二・二六事件、一九三七（昭和一二）年の盧溝橋事件を経て、一九四一（昭和一六）年一二月の太平洋戦争に突入するのであるが、太平洋戦争突入前の一九四一（昭和一六）年三月に治安維持法は全面改悪され、国体の変革結社を支援する結社、組織を準備する目的の結社（準備結社）、さらにその目的遂行行為も処罰の対象とされた。つまりは近づく国家総力戦に不可欠な思想統制を国民に徹底させ、開戦直後に成立した言論出版集会結社等臨時取締法も合わせて、軍部の意向ひとつで新聞、雑誌は息の根が止められ、言論の自由は無きに等しい状況になった。

「木村まきを偲んで　治安維持法の時代を考える」集いでも最終日の一二月二四日に近現代史研究者で治安維持法研究をライフワークとする小樽商科大学名誉教授の荻野富士夫が、当時、治安維持法は日本だけでなく、日本の統治下にあった植民地において猛威を振るった、とその悪法ぶりを赤裸々に語った。筆者（西村）にとって特に驚きだったのは、日本では治安法制の運用上の資料や裁判資料の多くが終戦直後に焼却されて残っていないのに対し、韓国や台湾では民族の独立を掲げた運動や意識への弾圧の記録として、多くの歴史資料が公文書館に保存され、閲覧可能になっているとの荻野の話だった。荻野は詳細な朝鮮・台湾・「満州国」における治安維持法の運用実態を示したが、いずれの植民地においても、全体的な傾向として、治安維持法による検挙から起訴、公判、受刑に至るあらゆる段階で植民地では日本国内より苛酷(かこく)な運用がなされたとのことだった。

具体的に例をあげれば、朝鮮における特殊事情としては、民族独立運動の取締りと共産主義運動・思想の波及への対応があったり、台湾では日本の台湾領有直後の「匪徒(ひと)」と呼ぶ抗日運動に対する猛烈な「法の暴力」が吹き荒れた。私たち日本人はこうした歴史の現実をどこまで知っているだろうか。旧植民地では第二次大戦後の台湾・韓国における軍事独裁政権の存続は、こうした日本の植民地統治の残滓(ざんさい)があると荻野は指摘する。さらに、旧植民地には日本から軍部の他に、内務官僚・裁判官・警察官などが大量に派遣され植民地経営や治安対策にあたったが、その多くは戦後、日本に戻ってから同種の分野の仕事に就き、植民地統治の残滓、人権軽視などを続けていたとも述べ、例えばその一つが入管施設での人権侵害として露呈したと見ることができるとも荻野は指摘した。

二〇二五（令和七）年は治安維持法施行から一〇〇年になる。治安維持法の「悪法性」をより明確にし、小林多喜二(たきじ)の虐殺や「泊・横浜事件」の本質を学ぶ必要性を痛切に感じた。

「旧植民地における治安維持法」について語る荻野富士夫さん
2023（令和5）年12月24日（ギャラリー「古藤」）　西村央撮影

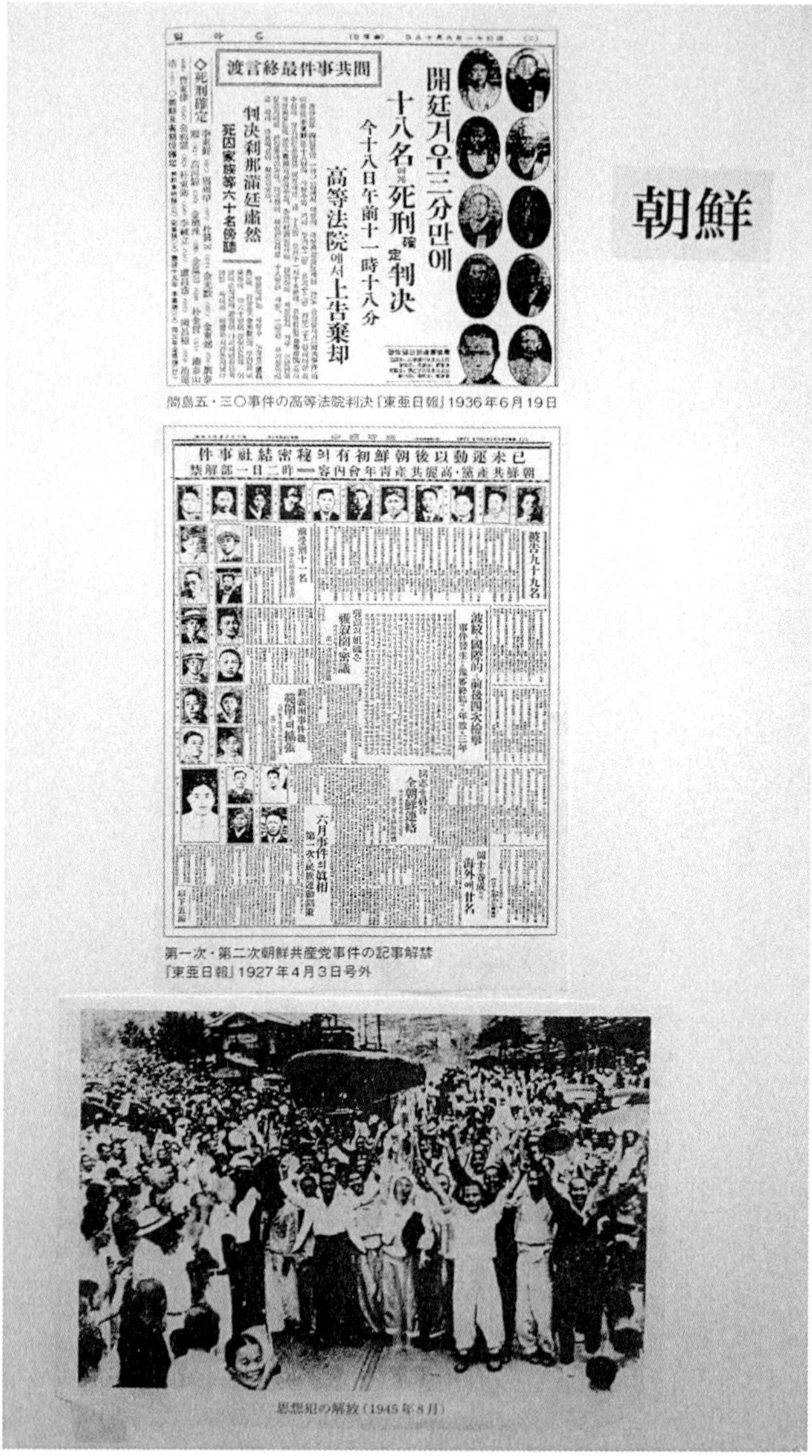

旧植民地における荻野富士夫さんの解説資料（ギャラリー「古藤」に展示）
2023（令和5）年12月24日　　西村央撮影

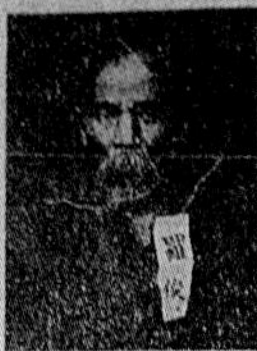

羅俊
『台湾匪乱小史』

余清芳
『台湾匪乱小史』

大正四年九月二十三日

臨時法院上席検察官代理　松井栄堯

臺灣總督男爵安東貞美殿

死刑執行報告書

左記之者ニ對シ大正四年九月二十一日當該法院ニ於テ言渡シタル死刑ノ判決執行方御命令ニ因リ大正四年九月二十三日臺南監獄ニ於テ法規ノ通執行了シ候

臺南廳　　番地

米商

余清芳

三十七年

余清芳に対する「死刑執行報告書」
「大正四年台湾総督府公文類纂、永久保存第四八巻司法」

台湾

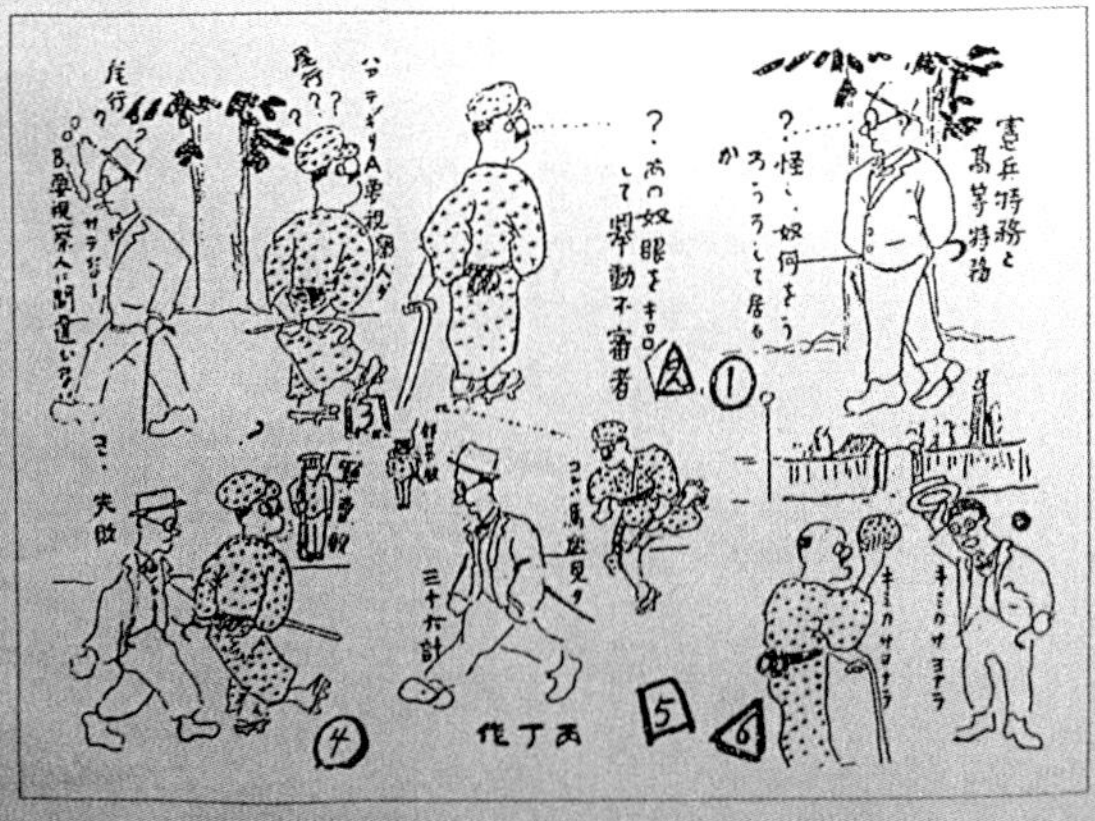

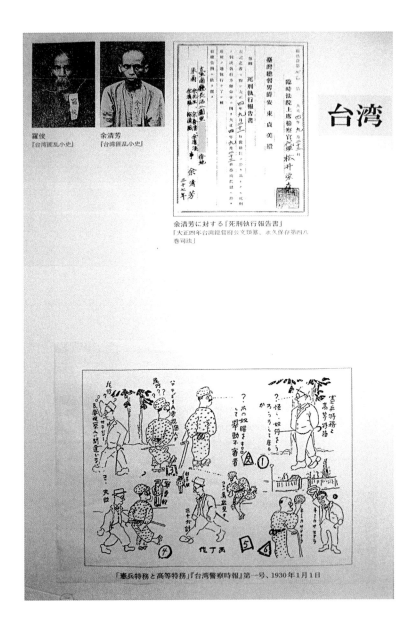

「憲兵特務と高等特務」『台湾警察時報』第一号、1930年1月1日

「泊事件」では、特高や思想検事は治安維持法を武器に、共産主義的観点や反戦主義の視点から、ありもしない虚構の事件を次々にでっちあげていった。「泊事件」の流れを簡単に整理してみる。

一九四二(昭和一七)年七月五日・六日、細川は親しい研究者や出版社の編集者七人を故郷・泊に招き、懇親の機会を持つ。

一九四二(昭和一七)年九月一四日、警視庁世田谷署が論文筆禍事件で細川を検挙。

一九四三(昭和一八)年五月一一日、神奈川県特高が、平館利雄と西沢富夫を検挙。

細川の招待旅行の記念写真が押収品となる。

一九四三(昭和一八)年五月二六日、相川博、小野康人、加藤政治、木村亨、西尾忠四郎が検挙され、「泊事件」七人全員の取り調べが横浜市内の刑務所で始まる。

一九四三(昭和一八)年九月、細川は巣鴨にある東京拘置所に移送される。

一九四四(昭和一九)年五月、細川の予審が東京刑事地方裁判所で始まる。しかし、第二回が終わったところで、細川は巣鴨の東京拘置所から「泊・横浜事件」の検挙者が拘置されている横浜刑務所未決監へ移される。[6]

刑務所や拘置所で取調べを受けた七人が受けたのは戦慄(せんりつ)すべき拷問だった。嘘の自白を強要するためだった。被告の一人であった木村亨の証言は次の通りである。

そのときぼくは横浜山手署へ留置されたのだが、そこへ留置されるなり息つく間のなしに、いきなり同署の取り調べの暗室に連れ込まれ、コンクリート(時には板の間)の上に土下座させられ、真っ先に上下の着衣を手荒くはぎ取られて、パンツひとつの裸体にさせられたのだ。病弱の者や気の弱い人は、こんなことをされるだけでも身の毛がよだつ思いをすることだろう。

特高警官どもが最初に問いかけてくる言葉は、決まって「お前は共産主義者だろう」の一句であった。そんなきめつけ言葉に対してぼくは「ちがう、俺は民主主義者だ」と彼らの問いを否認すると、ぼくを取りかこんだ七、八名の特高刑事どもは、手に手に棍棒や椅子のこわれた足だのロープや竹刀などをふりかざして裸のぼくにおそいかかり、なぐる蹴るの暴行を加えた。（中略）そのときの彼らの口ぐせはいつも同じ文句だった。「小林多喜二を知っとるか。生かしちゃ帰さぬから覚悟しろ」「貴様らは殺してもかまわんのだ」「この野郎、よくも黙っていやがった。お前が言わんならこうしてやる」そんな無茶な拷問が続き、失神を重ねてバケツの水を何度もぶっかけられていると、ぼくも、これでは殺されるかもしれんという不安をいだくようになってきた。経験のない人にはまったく想像もできないほどの不法暴力で仕組まれた捏造劇なのである。[7]

以上が木村の証言だが、他の逮捕者への拷問も似たりよったりである。「泊・横浜事件」ではこのような拷問による自白の強制により、たった一枚のスナップ写真から治安維持法違反への容疑をかけ事件をフレームアップしていった。

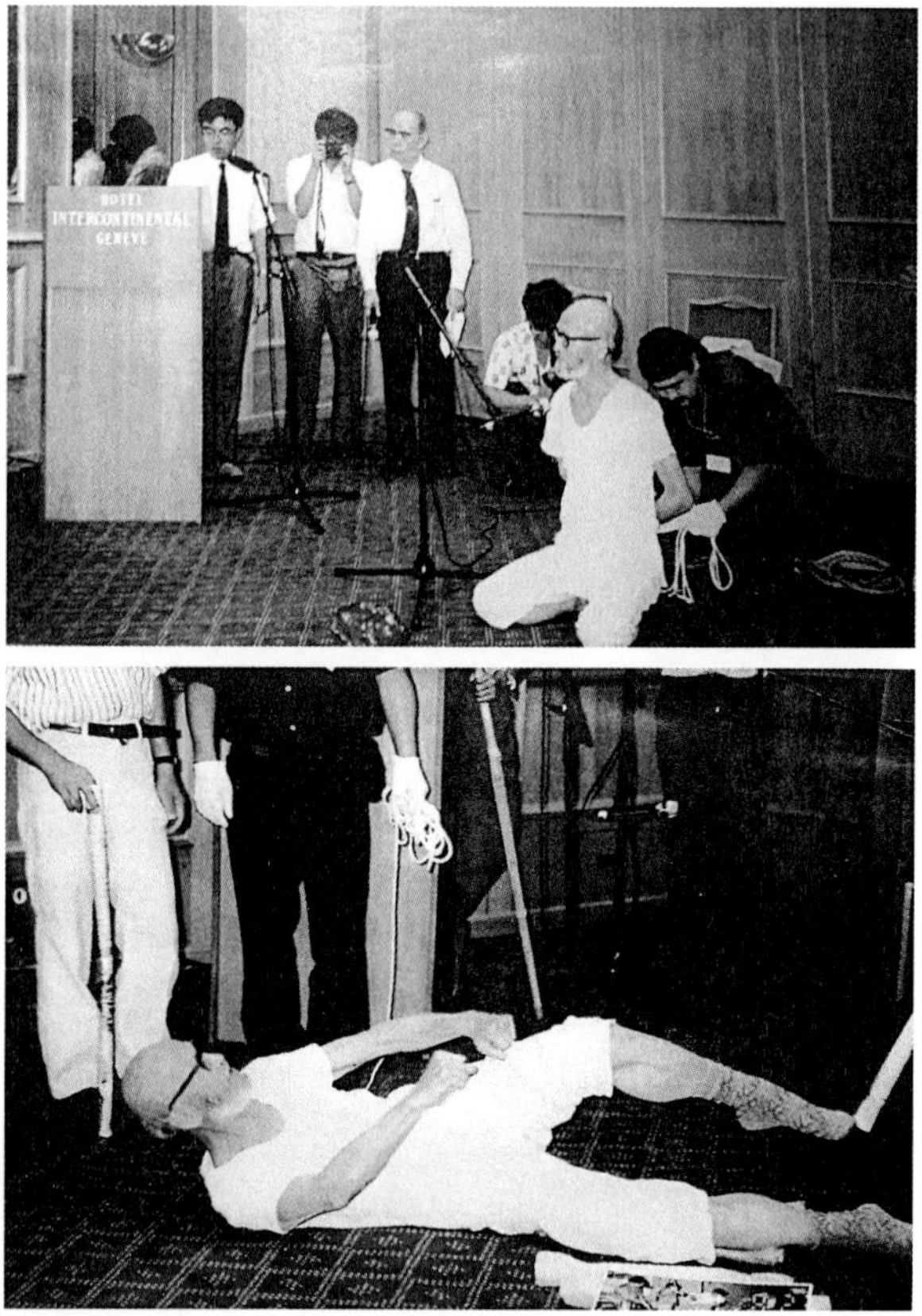

ジュネーブの国連人権小委員会で拷問を再現した木村亨（ギャラリー「古藤」の展示写真）　2023（令和5）年12月19日～24日「木村まきさんを偲んで　治安維持法を考える」会場

金澤敏子・西村央撮影

引用文献

［1］大杉豊解説『大杉栄自叙伝』土曜社、二〇二一
［2］一九四五（昭和二〇）年一〇月九日付け『朝日新聞』
［3］海老原光義・奥平康弘・畑中繁雄『横浜事件―言論弾圧の構図』岩波書店、一九八七
［4］細川嘉六ふるさと研究会『泊・横浜事件七〇年　端緒の地からあらためて問う』梧桐書院、二〇一二
［5］奥平康弘『治安維持法小史』岩波書店、二〇〇六
［6］細川嘉六ふるさと研究会『スモモの花咲くころに　評伝　細川嘉六』能登印刷出版部、二〇一九
［7］松崎まき編『横浜事件　木村亨全発言』インパクト出版会、二〇〇二

参考文献

（1）細川嘉六ふるさと研究会『泊・横浜事件七〇年　端緒の地からあらためて問う』梧桐書院、二〇一二
（2）細川嘉六ふるさと研究会『スモモの花咲くころに　評伝　細川嘉六』能登印刷出版部、二〇一九
（3）中村智子『横浜事件の人びと』田畑書店、一九七九
（4）栗原康編『大杉栄セレクション』平凡社、二〇二三

その二　獄死から八〇年、胸潰(つぶ)れる思い

小林多喜二が、どんな死にかたをしたか知っているか！

治安維持法による逮捕者六〇余名に及ぶという「虚構の犯罪」によって、獄につながれた人たちに凄惨(せいさん)な拷問が加えられた。「小林多喜二が、どんな死にかたをしたか知っているか！」が官憲の合言葉だった。特高警察による数々の拷問により凄惨酷烈(せいさんこくれつ)な獄中で四人が獄死した。そして一人が漸(よう)く許された保釈直後、疲労衰弱のため死亡した。

獄死したのは、「ソ連事情調査会事件」という虚構のでっちあげ事件で検挙された世界経済調査会の高橋善雄が一九四四（昭和一九）年五月二三日、獄中で死亡、また、当時中央公論社に所属していた浅石晴世が政治経済研究会事件（昭和塾）で検挙、浅石は党再建準備会グループにも関与したとして未決拘留中に一九四四（昭和一九）年一一月一三日獄死、同じく中央公論社所属の和田喜太郎(わだきたろう)も一九四五（昭和二〇）年二月七日、受刑中に獄死した。さらに「泊・横浜事件」ではただ一人の労働者といってもいい、田中政雄は共産主義者にでっちあげられ、「愛国政治同志会」被疑者として未決監へ送られ、一九四四（昭和一九）年五月四日に死亡した。そのほか獄死ではないが、獄死寸前で極度の衰弱のため、保釈出所直後に没した西尾忠四郎がいる。まさに獄死に等しい拷問の結果による死であった。

二〇二四(令和六)年は、これら獄死からまさに八〇年になる。胸つぶれる思いである。もちろん、獄死寸前に至る拷問の暴虐は太平洋戦争の敗戦まで続いていたのだ。

この項では、いたましい獄死から八〇年にあたり、獄死そして獄死寸前の保釈直後の死亡という、合わせて五人の死をせめてもの墓碑銘(ぼひめい)として記しておきたい。

浅石晴世

今から八〇年前、一九四四(昭和一九)年一一月一四日、山茶花(さざんか)の咲く朝、浅石晴世が獄死した。雑役夫が浅石の独房を覗(のぞ)いた時、自ら溢れ出る喀血(かっけつ)に塗(まみ)れて窒息死していた。[1] 浅石が記者として勤務していた中央公論社の青木滋(筆名・青地晨(あおちしん))が横浜署の刑事部屋で調べられている時に、浅石を調べている刑事が青木のところにやってきた。

「オイ、お前の仲間だが、浅石というやつは、もう命がないぜ」といった。

「どうしてですか」と訊(き)くと、「胸が悪くて三八度以上の熱がある」

「そんなに悪ければ、病舎に入れたらどうです」と青木君が言うと、

「何をいうか、バカヤロー。ああいうヤツはほっておいても死ぬんだから、いまのうちにドロを吐かせなければダメだ。それでこの頃は毎日、引っぱり出して、徹底的に調べているんだ、死んだら証拠がないから、生きているうちにやるんだ」といったという。

この人間離れのした警部補は森川某。[2]

このような、人を人と思わぬ鬼畜のような拷問が日常のように繰り返されていた。浅石は病身にも拘わらず引っぱりだされた。

吉祥寺で古本屋を経営していたさとう・れいめい氏（終戦後、武蔵野市共産党市会議員）は、発売禁止になっていた社会科学関係の本を、情を知って知友に売った疑いから、やはり神奈川県の特高に検挙されていたが、事件が簡単であったために六ヵ月後のちょうどそのころ釈放された。さとう氏は横浜の寿署に留置されているとき、偶然にも中央公論社の浅石君、改造社の若槻君とおなじ房にいたので、釈放されるとすぐその足で社へ立ち寄り、浅石君の伝言とともに、両君に加えられた拷問の模様をつぶさに伝えてくれた。浅石君も若槻君も、調室からもどるときには、全身を腫らしてうんうんうなりながら這ってきたそうで、房にたどりつくと同時に昏倒してしまったこともしばしばだったという。[3]

浅石の死に関して、当時、横浜の笹下にある拘置所（未決収容所）で臨時の要員として勤務していた土井郷誠看守が戦後、木

1942（昭和17）年6月、軍部の圧力により解体させられた『中央公論』編集部。向かって右端が浅石晴世さん（1942年、法師温泉にて）出所：畑中繁雄『日本ファシズムの言論弾圧抄史』高文研、1986

村亭に語った証言がある。

怪談めいた話になるのですが、昭和一九年もおしつまった師走のある日の夜半に未決囚の空房の外側についている赤い報知機がパッとともったのを見たことがあります。

この報知機は外からは絶対につけられない装置になっていて、房内からボタンを押さなければけっしてつかない仕掛けなのです。その房にはもう誰も入っていなかったのに、その夜半ポカッと赤い灯がついた。私は不思議に思いながら急いでその房のところへ行ってドアを開けて入ってみましたが、誰もいないのです。壁の中に配線のしてある報知機がひとりでに灯をつけたのだから不思議でした。あのときは私もほんとうにゾッとしました。ところが、その後もまた別の看守が私と同じ経験をしたということを聞きました。これはきっとその房で亡くなった人が何か訴えたいことがあってその霊が電気をつけたんじゃないか、霊魂が独房の中にいつまでも残っていて、苦しみぬいた恨みからそんなことをしたのだろうと話し合ったものです。（中略）

あの房は実は浅石晴世さんのいた一六房だったのです。浅石さんが亡くなられたのはそんな出来事があったひと月ほど前の一一月一三日でした。

ある朝、起床点呼のあとで、雑役が飛んできて、一六房の××番が死んでいると告げるので、私があわてて飛んでいってみると、房内の二畳の中に斜めにしいた布団（といっても官給のせんべい布団ですが）の上を血の海にして浅石さんが掌を胸に組み合わせて冷たくなっておりました。警察でひどい拷問を受けたので持病の肺結核が亢進（こうしん）してその朝、俄（にわ）かに大量の喀血をしたため、血で喉を詰まらせて亡くなったというのが死亡の理由でした。それにしてもまことに無惨な、いたましい限りの最期で、私も暫く呆然と浅石さんの苦しみにゆがんだデスマスクを見つめておりましたが、こみあげてくる涙をおさえることができませんでした。その日の夕刻、誰の迎えも見送りもなく、裏門から浅石さんの遺体は運び出されていきました。[4]

実は笹下拘置所で獄死した浅石晴世には小泉文子というフィアンセがいた。文子は当時、東京女子高等師範学校を出て女学校の先生になることを夢見、何もなければ浅石と結ばれ、平和な家庭をつくるはずだった。しかし、浅石は周囲の状況から、この恋人にまで手が回るのではないかと危惧し、文子に一方的に別れを告げ婚約を解消した。浅石が検挙される一年余り前のことだった。もちろん文子には、なぜ浅石が突然婚約を解消し、自分から去っていったのか知る由もなかったし、浅石も一切を語らなかった。ただ、いちはやく手を打っていたのだ。

浅石が一九四三(昭和一八)年七月に検挙され、翌年一一月に獄死した。当時、文子はこのことを知る由もなかったし、誰からも浅石の獄死が文子に知らされなかった。東京女子高等師範学校を卒業した文子は、教職に就き敗戦を迎えた。そして一九四五(昭和二〇)年一〇月九日の『朝日新聞』を見た文子は驚愕(きょうがく)する。この新聞により「泊・横浜事件」を初めて知ったのだ。

昨年六月突如として我国の代表的総合雑誌として多年我国思想界に指導的役割を担い、知識階級に愛読されていた『中央公論』、『改造』の二社が、当局の弾圧によって解散の余儀なきに至った

「中央公論」「改造」解体の實相

細川氏の論文 發端

編輯陣にも無謀な彈壓

昨年六月突如として我國の代表的綜合雜誌として多年我國思想界に指導的役割をになひ知識階級に愛讀されてゐた「中央公論」「改造」の二社が當局の彈壓によつて解散の余儀なきに至つたが、この裏面には實に次の様な奇怪なる彈壓事件が秘せられてゐた

◇泊事件　先づ當局によつてデッチ上げられたものは泊事件である、昭和十七年八月、九月の改造に細川嘉六氏の「世界史の動向と日本」と題する論文が掲載されたが、これが情報局によつて共産主義宣傳と指摘され、九月に至つて前記論文は発禁となり、筆者細川氏は同月十四日検挙された

これより先七月五日細川氏が郷里富山縣泊町の料亭に交友関係にある改造社の相川博、小野康人、中央公論社の木村亨、滿鐵の西尾忠四郎（當時細川氏は滿鐵の嘱託であつた）外三氏を招いて一日の清遊を行つたが當局はこの會合を共産黨再建準備會としたものとし前記論文の執筆、発表もその目的のためここに於てなしたるものとして翌年五月、右七氏を検挙した

◇昭和塾事件　一方日本の政治、経済を科學的に研究してゐた昭和塾を當局はマルクス主義の研究團体なりとして十数名を検挙したが、この中に中央公論編輯部の和田喜太郎氏が含まれてゐた、なほこの事件は同塾のバックに関係をもつものとして近衛勢力の打倒をねらつた政治的陰謀も企図されてゐた、これら事件に關連當局は中央公論改造等の編輯方針が左翼的であるとなし、かつ雜誌編輯者の組織を通じて共産主義運動を展開せんとしたものとしてその方に捜査の手が伸び、十九年一月、元中央公論編輯長小森田一記、同記者淺石晴世、改造編輯長大森直道らの諸氏をはじめ日本評論その他出版界、雜誌編輯者等二十数名が検挙された、この一連の事件がつひに中央公論、改造を解体せしめたのであるが、このため嶋中雄作、山本實彦の両社長も連日辛烈な取調べを受け、被検挙者に對する拷問は言語に絶するものがあり、その底知れぬ暴虐ぶりには文化人の間に恐怖時代を現出したものであつた

この内なぜか和田氏のみ二年の實刑を宣告され抗告したが、却下されて服役中十九年一月十二日獄死、更に淺石氏は同年十一月十二日豫審中に死亡、また西尾氏は十九年六月榮養失調その他で瀕死の状態にあつたので保釋となつたが七月死亡した、他の人には終戦後の九月十五日一齊に公判に附されそれぞれ刑の執行猶豫を申渡されて出所し細川氏のみ十月十五日公判の豫定であつたが、今回の治維法の停止により解消となつたものである、入獄中彼等のうけた迫害はこの両事件に通有のあらゆる苛烈による精神的および肉体的打撃からと友人たちは見てゐる

淺石につき小森田一記氏は語る

私は昭和十三年より十五年の間「中央公論」の編輯長だつたが、當時の編輯方針が左翼的であつたといふのが検挙の理由のやうです、昭和十九年二月神奈川警察に引つぱられ拷問と訊問で共産黨との関係を追及され一年七箇月の間拘置所と未決生活をやりましたが、神奈川警察では十六疊の監房に二十六人も押込められ、虱や南京虫に苦しめられました、この七箇月間は一回も入浴を許可されませんでした、結局起訴されて懲役二年執行猶豫三年の判決を言渡され、漸く九月四日釋放されましたが、中央公論社からは八名、改造社六名、日本評論から六名編輯スタッフが犠牲を蒙つたわけです

『朝日新聞』　1945（昭和20）年10月9日付け

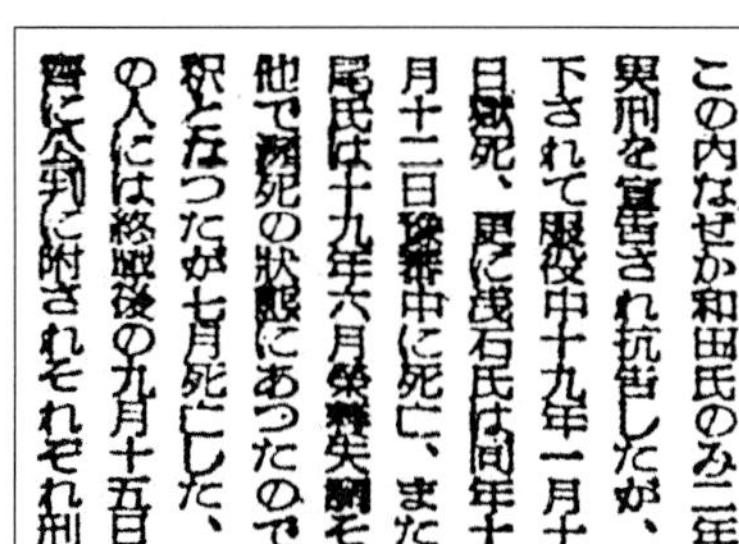

この内なぜか和田氏のみ二年の實刑を宣告され抗告したが、却下されて服役中十九年一月十二日獄死、更に淺石氏は同年十一月十二日豫審中に死亡、また西尾氏は十九年六月榮養失調その他で瀕死の状態にあつたので保釋となつたが七月死亡した、他の人には終戦後の九月十五日一齊に公判に附されそれぞれ刑の

浅石に関する記事を部分拡大

が、この裏面には次のような奇怪なる弾圧事件が秘せられていた。
◇泊事件　先ず当局によってデッチあげられたものは泊事件である。昭和一七年八月、九月の『改造』に細川嘉六氏の「世界史の動向と日本」と題する論文が掲載されたが、これが軍当局によって共産主義宣伝と指摘され、九月に至って前記掲載誌は発禁となり、著者細川氏は同月一四日検挙された。これより先七月五日、細川氏が郷里富山県泊町の料亭に交友関係にある改造社の相川博、小野康人、中央公論社の木村亨、満鉄の西尾忠四郎（当時細川氏は満鉄の嘱託であった）外三氏を招いて一日の清遊を行ったが、当局はこの会合を共産党再建を議したものとし、前記論文の執筆、発表もその目的のためにここに於て決定したものとして、翌年五月右七氏を検挙した。
◇昭和塾事件　一方、日本の政治、経済を科学的に研究していた昭和塾を当局はマルクス主義の研究団体なりとして十余名を検挙したが、この中に中央公論社の和田喜太郎氏が含まれていた。なお、この事件は同塾のバックに関係をもつものとして近衛勢力の打倒をねらった政治的陰謀も企図されていた。これらの事件に続き、当局は中央公論、改造等の編集方針が左翼的であるとなし、かつ雑誌の編集組織を通じて共産主義運動を展開せんとしたものとして、その方に弾圧の手が伸び、一九年一月、元中央公論編集長・小森田一記、同記者・浅石晴世、改造編集長・大森直道らの諸氏をはじめ、日本評論その他出版界の雑誌編集者等、二〇数名が検挙された。この一連の事件がついに中央公論、改造を解体せしめたのであるが、このため島中雄作、山本実彦の両社長も連日辛烈な取調べを受け、被検挙者に対する拷問は言語に絶するものがあり、その底知れぬ拡大ぶりには文化人の間に恐怖時代を現出したものであった。このうちなぜか和田氏のみ二年の実刑を宣告され抗告したが、却下されて服役中、一九年一月一二日獄死（引用者注：和田については後述する）、更に浅石氏は同年一一月一二日予審中に死亡、また、西尾氏は一九年六月栄養失調その他で瀕死の状態にあったので保釈となったが七月死亡した（引用者注：西尾についても後述）（以下略）。

この記事により初めて「泊・横浜事件」を知った小泉文子は手記『もうひとつの横浜事件　浅石晴世をめぐる証言とレクイエム』で、脳天を打ちぬかれるような衝撃を受けたと告白している。

自分の中で一生懸命閉じ込めてきた、かつての婚約者の名前がそこにあったのだ。それも獄死だった。「堰をきったように涙があふれる。あれだけ私を愛しながら、厳しく私をしりぞけたあの方への懐い（引用者注：亡くなった人を思い、涙にくれる、懐かしむ意）は、一気に爆発した。もう一年前に亡くなられてしまっていたのだ。何も知らされなかったとはいえ、なぜあの方の消息を訊ねようとしなかったのか。悔いの涙が、後からあとから溢れてくる[5]」。驚愕、怒り、懺悔、文子の手記は涙なしでは到底読み進むことができない。

手記のあとがきには次のようにある。「昭和一六年秋、尾崎秀美・ゾルゲ事件につづいて日米開戦など急を告げる中で、婚約をした彼に病魔が襲いかかる。追い打ちをかけるように昭和塾の関係者や細川嘉六の検挙が伝えられ、彼は私を安全圏内におこうと、彼の意志で婚約の解消を私に告げた。私はそれを十分に理解せず、悲しみ、怒り、あきらめていたのだが、三年の時

小泉文子『もうひとつの横浜事件　浅石晴世をめぐる証言とレクイエム』田畑書店、1992

を経て、敗戦後、彼の非業の死を聞いて初めて彼の大きな愛を悟り、痛惜の念に浸った。悔いても悔いてもとり返しのつかぬことであった」[6]。

その後、いくつもの縁談を拒否しつづけてきた文子であったが、一九四七（昭和二二）年に小泉一郎と結婚する。だが、夫の前では「横浜」という文字すらも避けてきた。浅石との愛を消し去ると同時に、子を持ち家庭を築き生き続けることは、文子にとって試練そのものだった。一九九二（平成四）年に夫の一郎を喪い、これですべてが終わったと述懐している。

ところで、このことは二〇一二（平成二四）年に「細川嘉六ふるさと研究会」が発刊した『泊・横浜事件七〇年　端緒の地からあらためて問う』に書いたことだが、第一次と第三次再審請求の森川金寿弁護士は、新聞の切り抜きをしていた時、ふと目にとまったのが、一九九三（平成五）年一一月一四日『朝日新聞』の「朝日歌壇」に掲載された小泉文子の歌だった。この歌は「志士のごと　獄に潰えし君の生を　偲びつ秋の　ふたたび来れば」と浅石のことを偲んで作られたもので、歌のあとに「水戸市・小泉文子　作者注記（横浜事件に連座、獄死）」とあった。森川は機関誌『有鄰』の「横浜事件の再審を求めて」のなかでこの歌を知った感想を、「わたしはまだお会いしたことはないが、横浜事件の犠牲者で、若くして獄死した浅石晴世氏の婚約者だったこの歌人の著書（引用者注：『もうひとつの横浜事件』）を、生々しい感激を持って読んだ記憶がよみがえってきた」[7]と記している。

文子は試練を乗り越えた今だからこそ、清々しく亡き浅石と向きあい、再び心の中で語り合うことができたのだろう。文学的感性豊かな文子は歌人であり、詩人でもあった。『もうひとつの横浜事件　浅石晴世をめぐる証言とレクイエム』は、国家の権力犯罪を断罪するもうひとつの横浜事件であり、まぎれもない浅石晴世へのレクイエムであった。

和田喜太郎

和田喜太郎（中央公論社）は政治経済研究会（昭和塾）の一員として一九四三（昭和一八）年検挙、拷問の末に二年の判決を受け、抗告したが却下され服役中、一九四五（昭和二〇）年二月五日に獄死した。遺体を引き取りに行ったのは、東京で生活を送っていた実妹の気賀すみ子だった。

酷寒の一九四五（昭和二〇）年二月七日早朝、一通の電報がすみ子の元に届けられた。「キタロウシス」―横浜の笹下刑務所からのものだった。すみ子は引き取りに立ち会った日のことを、生涯忘れられない残酷な思い出だと書き記す。ここからはすみ子と小野貞共著の『横浜事件・妻と妹の手記』のすみ子の記述によりながら、和田喜太郎について記述する。

電報を受け取ったすみ子は血の気がひいていく思いで横浜市南区笹下町の刑務所に駆けつけた。刑務所の一室、何も置いていないガランとした部屋に通された。

ふと見ると、部屋の中央に、ムシロをかけただけの遺体が投げ出すように置いてあったのです。何というむごい扱いをするのだろうと、いたたまれない思いでいる私に、案内人は、「和田喜太郎に間違いないな」とムシロを取りのけて見せました。アッ、

小野貞・気賀すみ子『横浜事件・妻と妹の手記』高文研、1987

と私は声を呑(の)みました。そこには、一糸もまとわず、パンツさえはぎ取られた全裸の男の死体が、タタキの上に横たわっていたのです。遺体は、全身がどすぐろく異様にふくらみ、眼はみひらいたまま中空をにらみ、あまりにも変わり果てた姿に、これが真実、私の血をわけた兄であろうかと、われとわが目をうたがい、いいようのない屈辱、怒りと無念の思いで私の胸は張り裂けんばかりでした。

　虚構の罪を負わされ、拷問に責めさいなまれ、死してなおイヌ、ネコにも劣る扱いを受けた兄、うらみ骨髄(こつずい)に達しながら死んでいったにちがいない兄の心中を思い、何と不幸な星の下に生まれてきたのでしょうと、この兄があまりに哀れで、私は遺体にとりすがり、みひらかれた眼をソッと閉ざしながら、あふれ出る涙をどうすることもできませんでした。（中略）

　その後、どのようにして、母や叔父、長兄に連絡をとったのか、まったく記憶がないのですが、田舎から母が上京するのを待って、空襲警報の中を保土ケ谷(ほどがや)の火葬場で、ひっそりと荼毘(だび)に付し、母は遺骨を抱いてひとり郷里に帰って行きました。そのときの淋しそうな母の後ろ姿が、強く印象に残っています。[8]

和田喜太郎の故郷は京都府中郡(なかぐん)新山村(にいやまむら)（現・京丹後(きょうたんご)市峰山(みねやま)町中心部の東方一帯）で、医業四代目の父・和田精一と母・かよとの間に次男として、一九一六（大正五）年一二月に生まれた。一九四一（昭和一六）年一二月、慶應義塾大学文学部仏文科を卒業、

中央公論社入社の頃の和田喜太郎さん　出所：小野貞・気賀すみ子『横浜事件・妻と妹の手記』高文研、1987

一九四二(昭和一七)年一月、中央公論社に入社、雑誌『中央公論』の編集部に籍をおき、出版部に移ったあと、一九四三(昭和一八)年九月九日、神奈川県特高警察に検挙された。一九四四(昭和一九)年八月二一日、懲役二年の判決を受けて下獄、前述したように、一九四五(昭和二〇)年二月七日獄死した。『横浜事件・妻と妹の手記』に妹の気賀すみ子が書いた、獄死した兄の記憶を要約すると、喜太郎もすみ子も東京に住んでいた一九四三(昭和一八)年、すでに父は亡くなり母ひとり住んでいた田舎の家へ、突然、特高警察がやってきて、喜太郎の書籍を見せろと土蔵の中に入りこみ、喜太郎が保管を頼んで送ってきていた沢山の書籍類を持ち帰ったとのことだった。一九四三(昭和一八)年九月九日に検挙された喜太郎は、警察から笹下の横浜刑務所の未決監に移された。翌一九四四(昭和一九)年初め、未決監にいた喜太郎に召集令状がきた。喜太郎の田舎では何も知らない近所の人たちが早速、出征祝いの準備をしていた。母からの知らせを受け、叔父と長兄とすみ子は横浜の検察庁へ赴き、検事に会い、和田喜太郎に召集令状がきたので出所させてほしいと頼んだ。

ところが、検事から返ってきた言葉は、ニベもないものでした。

「あんな国賊を、出すわけにはいかん」ケンもほろろに突き放されて、私たち三人は検察庁を出ました。途中で降り出した氷雨にうたれて歩きながら、私は―あの赤紙(召集令状)は天皇陛下の名で発令されたものだ。それがどうして一検事が無視することができるのか?あの検事こそ、天皇にそむく国賊ではないのか・・・と腹立ちまぎれに考えたことを思い出します。

一方、田舎では母が、兄(喜太郎)は出所して帰ってくるものとばかり信じ込んで、近所の人たちにも知らせていました。しかし、兄は帰ってこなかったために、結局、治安維持法違反で検挙され、取り調べを受けていることが知れわたってしまったのです。

狭い村のことです。この一件以来、それまで親しくしていた人々の態度は一変し、道であっても顔をそらし、二～三人集まってヒソヒソ話しているところに行きあえば、急に押し黙ってソッポを向くという、村八分の状態が母を苦しめることになりました。中には夜になって、家の雨戸に石を投げつける人さえいたと、後になって母が涙ながらに語ってくれたことでした。[9]

『横浜事件・妻と妹の手記』によれば、終戦の翌年、一九四六（昭和二一）年初め、和田喜太郎の追悼会が喜太郎の従兄にあたる千葉県市川市の藤原豊次郎の家で開かれた（『言論の敗北―横浜事件の真実―』では、二月一〇日に和田の一周忌が市川において開催された、となっている）。この追悼会には木村亨や由田浩など十数名が参加したとある。

実はのちに和田喜太郎の再審請求を支援する一人に、慶應大学出身で和田の一年後輩にあたる富山県高岡市出身の作家・堀田善衞（よしえ）がいた。堀田は自伝的回想『めぐりあいし人びと』の中で、和田との交流を次のように語っている。「私がマルキシズムを知ったのは、のちに中央公論社に入って、横浜事件で一九四四（昭和一九）年に検挙されて獄死する和田喜太郎君を通じてだった。和田君は私より一年上で、映画研究会を主宰していたんですが、映画研究会というのは隠れ蓑（みの）で、実際には唯物論研究会で、その和田君からマルキシズムの手ほどきを受けたのです。[10]

堀田と和田の友人関係については、二〇一二（平成二四）年に発刊した『泊・横浜事件七〇年　端緒の地からあらためて問う』執筆の際に調べてみた結果の再録になるが、事実、堀田は和田と随分親しかったようで、和田が政治経済研究会（昭和塾）のメンバーとして活動していた頃に、堀田自身、昭和塾へ行ったことがあると、埴谷雄高や武田泰淳らとの座談会を収録した『わが文学、わが昭和史』の中で証言している。[11]

堀田は一九八六（昭和六一）年一一月の横浜事件・再審裁判を支援する会の呼びかけ人に名を連ね、「私は和田喜太郎の友人でしたので、その完全な名誉回復を希望しています」[12]とメッセージを寄せている。和田と堀田の友情の深さを思い知ることはできないが、無念な思いで獄死した和田を堀田は黙って見送ることはできなかったのだろう。

高橋善雄

高橋善雄は前述したとてつもない虚構の言論弾圧事件『泊・横浜事件』のいわば発端となった「米国共産党員事件」で一九四三（昭和一八）年一月二一日に検挙された。もともと具体的な犯罪事実があるわけではないので、高橋検挙の手順を語るのも困難だが、「米国共産党員事件」で検挙第一号となった川田寿・定子の取調べ過程で、川田と同じ世界経済調査会の職員であった高橋が検挙された。さらに高橋とのつながりで益田直彦、益田と友人の間柄だった、当時、満鉄東京支社調査部勤務の西沢富夫と平館利雄も疑いをかけられ、一九四三（昭和一八）年五月一一日に一斉検挙されている。満鉄の西沢や平館は、当時、在京ソ連研究機関との連絡係で、主としてソビエトの研究をやっていたので、中村智子の『横浜事件の人びと』では「ソ連事情調査会事件」となっており、もちろん高橋はこの中に含まれていた。高橋には一九三九（昭和一四）年発行の『ソ連邦国家予算』と題する著書があり、ソ連の歳入、歳出の検討をはじめ、国防費の支出などについても検討を加えている。いずれにしてもソビエトの研究といっても、高橋の世界経済調査会をはじめ、軍令部、参謀本部、外務省、満鉄、東亜研究所のなどの代表者が集まり、数回の研究会を開いただけであり、共産党再建や中国共産党との連絡に携わったなどという虚構の事実のでっちあげにもとづくものであった。

高橋に関する獄死の状況は資料が少なく、なかなか詳述できないが、学生時代から体が弱かったということで、不潔な留置場生活と拷問とが、彼の体を蝕み、未決にて獄死した。[13] 一九四四（昭和一九）年五月二三日であった。

田中政雄

田中政雄は、「泊・横浜事件」被疑者全体の中では、ただ一人の労働者といってもいい存在で、一九四三（昭和一八）年八月頃、神奈川県特高警察に逮捕された。田中は一九三八（昭和一三）年頃すでに解散している国家社会主義者の組織「愛国労働農民同志会」の元メンバーであったために目をつけられていたようだ。[14]

美作（みまさか）太郎・藤田親昌（ちかまさ）・渡辺潔による『言論の敗北―横浜事件の真実―』は、田中政雄を取り上げてはいるが、それほど詳細ではない。当時、田中は近藤栄蔵を中心として結成されていた神奈川県翼賛連盟の会員で、この連盟の会員には京浜間の工場労働者が多かったが、神奈川県特高警察はこの連盟に手入れを行い、二五人の労働者を検挙した。工場における翼賛連盟の活動を、共産党のフラクション活動（引用者注：政党、特に社会主義政党が労働組合や大衆団体をその影響下におくために、団体や組合の中に小グループを結成し、宣伝や勧誘などの活動をさせること）とみなしたのである。田中の家宅捜索の結果、左翼的な文献が押収され、師弟関係にあった広瀬健一も検挙された。田中自身は東京航空計器の工員であったが、翼賛連盟の運動が治安維持法違反とみられ、田中自身、共産主義者にでっちあげられたらしい。田中は鶴見警察署留置の一年間、烈しい拷問と取調べがつづき、その上、栄養失調で死への一歩手前のぎりぎりまで追いつめられた。一九四四（昭和一九）年八月、鶴見警察より横浜刑務所の未決監へ送られ、その翌日、死亡した。[15]

西尾忠四郎

「泊・横浜事件」の展開の発端になった「泊会議」の記念写真を撮った満鉄の西尾忠四郎は、敗戦直前の一九四五（昭和二〇）年七月二七日に三七歳で亡くなった。中村智子著『横浜事件の人びと』によると、病名は結核性腹膜炎。臨終に立ち会ったのは義姉の杉田道ただひとりだった。西尾は獄中で極度の栄養失調におちいり、死期が間近いことを知った拘置所側が、獄内で死なれてはまずいので、その年の六月末、空襲が激化しているさなかに保釈出所させたのである。妻の須和は幼い子ども二人と島根県平田市に疎開中だった。東京への汽車の切符が手に入るのを待っているあいだに、夫は逝ってしまったのである。[16]保釈は六月三〇日、歩くのもやっとの瀕死の状

西尾忠四郎さん　出所：「横浜事件再審裁判を支援する会」会報No.61

態で、保釈から一ヵ月もしないうちに亡くなった。
　西尾忠四郎は妻の須和はどうして早く疎開先から戻ってこないのか、自分のことを心配していないのではないかと病床で苛立ち、妻を恨んでいたという。須和は切符を待ちながら少しでも早く上京しようと、全部荷造りをしおわって準備をしていた。しかし、間に合わなかった。

　子どもを本家に預け汽車に乗った。途中、空襲警報でなんども下され、ようやく東京に着いた。真夏なので、すでに火葬されお骨になっていた。姉と新潟から上京してくれていた母とで、板ぎれを集めて手製のお棺をつくり、リヤカーを借りて火葬場へ運んだのだった。火葬場も空襲で焼けて、柱が四本立っているだけのところで、燃料は焼跡から木片をひろいあつめて火葬にしたという。（中略）
　痩せてしまった夫をなでてあげたかったと、

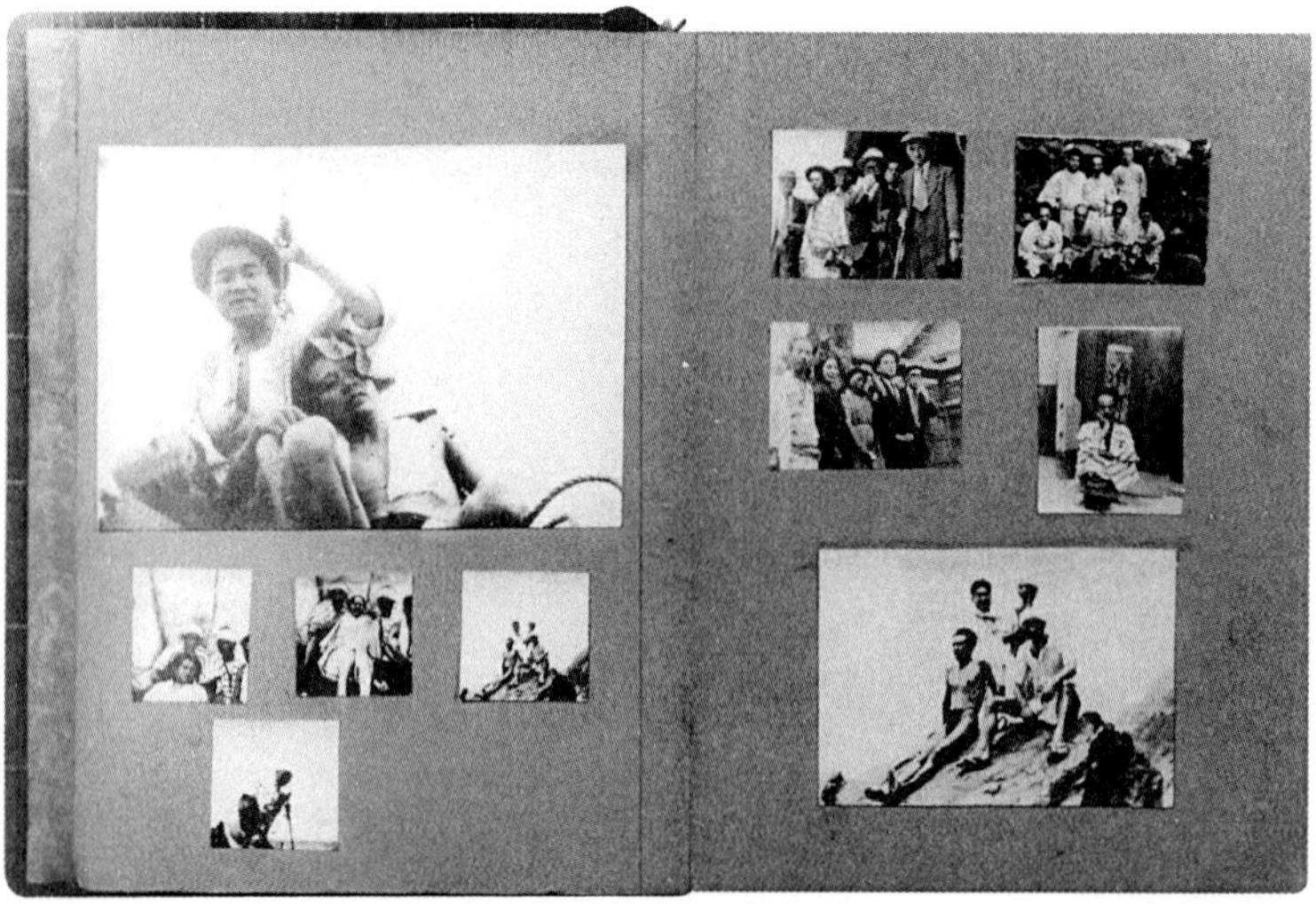

西尾忠四郎さんが撮影した「泊旅行」の写真　1942（昭和17）年7月　齋藤信子さん提供

須和は小さな骨壺をいつまでもなでた。
―私が来ないので、主人はうらんでいたそうです。ぼくがこんなに待っているのに、子どもが大事だと来てくれない、ぼくのことを考えてくれない、って。こんどこそ切符が手に入りしだい行くと、私が書いて出した速達が、二週間もかかって、間にあわなかったんです。息が切れた一〇分後に、近所の人が、ポストにこれが入っていましたよ、と持ってきてくれたそうです。せめてあの手紙を見てから亡くなったのなら、私も心が休まるんですけれど[17]・・・。

細川嘉六や木村亨ら当時、治安維持法違反で検挙された人たちに比較的理解のあった笹下拘置所（未決収容所）の臨時要員・土井郷誠看守は戦後、浅石晴世の収容所の様子についても前述のように証言しているが、西尾忠四郎については次のような証言が残されている。

敗戦の年の夏七月半ばごろでしたか、私は書信にかこつけて西尾忠四郎さんを木村さんに会わせたことがあります。西尾さんはツの組（引用者注：治安維持法関係の未決者で、青い囚人服の右襟に片仮名のツの字とその人の名前代りになる番号が墨字で書きこまれた白布をぬいつけており、彼らはツの組と呼ばれた）のなかで一番手ひどい拷問を受けた人で、拘置所へきてからも警察で受けた拷問の痛手が癒えず、胸や内臓を悪くしていました。そのころの西尾さんは歩行さえももはや困難な重症状態に陥っていましたので、私はじっとそれを見過ごすわけにはゆかぬ気持ちになりまして、独房で仮出獄の手続きを取りはじめていました。

そのころ西尾さんが木村さんに一度会っておきたいと私にそっともらしましたので、西尾さんはもう歩行も難しい状態でしたが、多少の無理を押して書信の発信ということを口実に、二階の書信室へ西尾さんと木村さんを別々に連れ出して、深編笠をかぶったままの対面をさせてあげました。これもほんの数秒間の、目と目を合わせるだけの対面ですから話も何も出来ないようなすれちがいの出会いでしたが、西尾さんも木村さんも大変満足の様子で、私も何よりだったと思っています。世間の人には想像もつかないほどの不自由な拘置所では、こうしてひと目でも友人同士がお互いに目を合わせるだけでも力強い励ましになった、とあとになって木村さんから聞かされたことでした。しかもその一瞬の面接が西尾、木村お二人にとって今生の別れになってしまいました。[18]

西尾忠四郎の妻・須和は三三歳で未亡人となり、保育士の仕事をしながら二人の子どもを育てた。横浜事件・再審裁判を支援する会事務局の金田富恵は、西尾の遺族と交流し、支援する会報（六一号）に近況を報告している。それによると、西尾忠四郎は疎開するにあたり二人の子どもと最後の面会をしている。この時、長女・瑜香は五歳、長男謹二は一歳だった。謹二は西尾が検挙中に生まれた子どもだったので、初めて我が息子を抱いたことになる。一度だけの父と息子の触れ合いとなった。また西尾は娘・瑜香をこの胸に抱きたくて、おいでと手を差し伸べたのだが、瑜香は衰弱した父の姿の変わりように驚き、父の前に行けなかった。瑜香はその時の父の悲しそうな顔が脳裏から離れないのだという。長女・瑜香は、今でも父を愛しているのに、その時は父の愛に応えられなかった。後悔という言葉では言いあらわすことができない「申し訳ない。ごめんなさい」の思いがあるという。瑜香は、母・

須和と暮らし、同じ保育士の道に進み定年まで仕事を続けた。瑜香も弟・謹二も家庭の中では母に「泊・横浜事件」に関することを聞こうということは決してしなかったし、また母もいっさい話そうとしなかったという。西尾親子の暮らしの中に、忠四郎への詫びる気持ちが重くのしかかっていたのだろうか。妻や子どもたちが背負わされた事件の傷跡は深く長く尾をひいていた[19]。

敗戦の前日、八月一四日に須和は海野晋吉(うんのしんきち)弁護士といっしょに横浜地方裁判所へ行った。海野弁護士には検挙後すぐに頼んであり、親身でいろいろ心配してくれたが、裁判所の進展はなかった。死亡上申書を裁判所へ出すのが用件だった。

上申書[20]

被告人　西尾忠四郎

右者ニ係ル治安維持法違反被告事件ニ付曩ニ被告人保釈ト相成候処拘禁長キニ亘リタル結果出所後ニ於ケル万全ノ療養遂ニ其ノ効ナク去ル七月二七日午前一〇時五〇分別紙死亡診断書病名ニテ死亡致候条此段及上申候也

昭和二〇年八月一〇日

右弁護人　海野晋吉

横浜地方裁判所予審判事　石川勲蔵殿

ここで話は少し横道にそれるかもしれないが、細川嘉六や木村亨ら当時、治安維持法違反で検挙された人たちに比較的理解のあった笹下拘置所（未決収容所）の臨時要員・土井郷誠看守の存在である。

獄死した浅石晴世について土井が木村に語った証言や、獄中で瀕死の状態にあった西尾忠四郎を木村に言葉は交わせないまでも無言で二人を会わせたと証言したことについて、筆者（向井）も疑問に思っていた。規律厳しい拘置所で土井はなぜそのような危険な行動をとったのか、ひとつ間違えば自らが逮捕される立場になるような対応を「泊・横浜事件」の投獄者にとったのかを教えてくれたのは『横浜事件　木村亨全発言』であった。この本をまとめたのは一九九二（平成四）年、亨と結婚、亨の死後、「泊・横浜事件」再審請求人を継承した木村まきである（本書は二〇〇二・平成一四年の発刊であるが、編者は、まきの旧姓である松坂まきとなっている）。

本書の中から土井郷誠に関する掲載を要約してみる。

横浜未決拘置所で土井は独房の細川嘉六の隣の房を担当する看守だった。そのため、一年余りにわたる細川との接触で細川の感化を受け、共産党再建などというでっちあげに疑問を持っていた。というのも土井は看守に就く前に当時、社会主義者・無政府主義者として知られていた大杉栄を訪ねたことがあり、大杉の訳によるクロポトキンの本を読んで、社会正義に目覚めていたという。大杉は当時、危険人物視されていたので土井は大杉を訪ねただけで家宅捜索を受けたが、幸い検挙は免れたらしい。土井が看守になったのは単に戦争末期の厳しい食料事情のためで、拘置所では、土井の正義感から、細川・木村をはじめ、「泊・横浜事件」関係者にぎりぎりの可能な範囲で命がけの助力をしたようだ。

土井は戦後、一九八〇（昭和五五）年四月、木村とともに富山県の泊へ細川の墓参に出かけているし、「泊・横浜事件」再審裁判請求の過程で有力な証人の役も引き受けていた。

残酷極まる拷問の拘置所にこのような惜しんでも足りぬ一人の人間がいたということを、木村亨もまきも記述しておきたかったのであろう。亨の筆による土井に関する最後の言葉は「ぼくたちはあなたの強力な励ましの証言によってきっと『人権を返せ！』をかちとってお見せしますからね」[21]となっている。

ただ、こうして権力犯罪の犠牲となり、国家の暴力の前にたった一度の人生を奪われた若き命を書き継いで見ると、その無念さに涙が込み上げてくる。木村亨は自らの日記やさまざまな会報への寄稿で悲運では表現できない獄死の理不尽さに声をあげる。「戦後、黒田さん（引用者注：黒田秀俊・昭和時代のジャーナリスト・元『中央公論』編集長）とは中野で時折お会いする機会があり、あの一件の権力犯罪性を、お互いに憤りをこめて話し合ったことも忘れられない。特に共通の友人であった浅石晴世君の悲運な獄死のことはなんとも残念だった。浅石君や和田喜太郎君の獄死をムダにさせないためにこそ、ぼくは横浜事件の再審請求を続けているのである。最高裁の扱いがどのようになろうがぼくは友人の鎮魂のために、ジュネーブの国連人権委員会へも正式に提訴する手続きを進めている。権力による人権犯罪は許せない」[22]、「権力犯罪というものの怖さをいやというほど思いしらされたのが横浜事件でした。この事件の特長づけたのは何よりも『中公』や『改造』に対する言論弾圧でしたが、第二の特長は、畑中元編集長（引用者注：畑中繁雄・昭和時代の出版評論家・『中央

細川嘉六の墓前にて、土井郷誠さん（向かって左）と木村亨さん　出所：『横浜事件再審裁判を支援する会　会報』No.13、1990（平成2）年5月30日発行

公論』編集長時代に横浜事件で検挙される）が指摘されたように、拷問犯人どもが被害者の僕たちを不法に裁いた無茶な人権蹂躪の権力犯罪だったことです。あのひどい拷問で、友人の浅石晴世君や和田喜太郎君、また西尾忠四郎君らが獄死したいきさつを思うと、その権力犯罪は断じて許せず、徹底的に追及し、糾弾せざるをえません」[23]。まさに怒りに震える木村亨の言葉だ。

一九三五（昭和一〇）年、『蒼氓』により第一回芥川賞を受賞した作家・石川達三は小説の形を取りながら「泊・横浜事件」を徹底的に追い、戦後まもなく一九四九（昭和二四）年四月〜一一月まで『毎日新聞』に「風にそよぐ葦」を連載、さらに翌年一九五〇（昭和二五）年七月〜一九五一（昭和二六）年三月まで「風にそよぐ葦　戦後編」を執筆した。少し長いが、後に出版された『風にそよぐ葦』（下）から引用する。残忍極まるこの事件への石川の怒りを読み取ることができる

神奈川県警察部は県下各警察署から腕に覚えのありそうな特高刑事たちを選抜して横浜に呼び集め、是が非でもこの事件をものにして横浜特高の名誉を飾ろうという方針をとった。かくて横浜市内各警察に分散されている被疑者に対して、凄惨眼を掩うが如き拷問が連日のように行われたのであった。アッツ島の守備隊は玉砕し、クェゼリンの守備隊は全滅し、ガダルカナルは失われ、ニューギニヤの戦線は混乱し、ラバウルもまた危機に瀕しているとき、その敗北の責任がまるでこの被疑者にでもあるかのように、刑事たちは竹の鞭を振い、革の鞭を鳴らして、罪もなき青年たちの裸の肩や胸を打ちまくったのであった。

その功績によって、横浜特高左翼係は一八年末に安藤内務大臣から功労賞を与えられたのである。フランスに於けるドレフェス事件は、ただ一人のドレフェス大尉を無実の罪におとし入れただけで、フランス全国を沸き立たせるほどのさわぎになったものであるが、日本に於ける横浜事件は三〇人にあまる人々を無実の罪によって一年半から二年半に及ぶ囚虜の困苦におとし入れ、朝に夕に拷問をくりかえし、凌辱の限りを尽した。そのために浅石晴世、和田喜太郎の二人は警察から拘置所に廻されてまもなく拘置所の中で死亡し、瀕死の姿で病気保釈になった西尾忠四郎もまた保釈後まもなく死んだ。まさにドレフェス事件に数倍する人間蹂躙の歴史が、しかも一切の報道を禁止せられていたために一億の国民のほとんど誰もが知らなかった。総理大臣も内務大臣も司法大臣も、そして帝国議会に議席を有する八五〇人の議員たちも、誰一人この事実を糾弾しようとしなかった。[24]

『風にそよぐ葦』出版にあたって、解説を書いた尾崎秀樹は、「『生きてゐる兵隊』（引用者注：一九三八・昭和一三年の作品）で発禁処分を受けたことのある石川達三の思いがこめられている。葦は風にそよぐことはあっても、へし折られることはない。その葦の姿に、時代の風霜が託されているといえる[25]」と書いている。

石川達三『風にそよぐ葦』毎日新聞社、1999

引用文献

[1] 美作太郎ほか『言論の敗北─横浜事件の真実─』三一書房、一九五九
[2] 池島信平『雑誌記者』中央公論社、一九五八
[3] 黒田秀俊『血ぬられた言論─戦時言論弾圧史─』学風書院、一九七六
[4] 木村亨『横浜事件の真相─再審裁判のたたかい』笠原書店、一九八六
[5] 小泉文子『もうひとつの横浜事件　浅石晴世をめぐる証言とレクイエム』田畑書店、一九九二
[6] 小泉文子『もうひとつの横浜事件　浅石晴世をめぐる証言とレクイエム』田畑書店、一九九二
[7]『有鄰』一九九四(平成六)年五月一〇日、有隣堂
[8] 小野貞・気賀すみ子『横浜事件・妻と妹の手記』高文研、一九八七
[9] 小野貞・気賀すみ子『横浜事件・妻と妹の手記』高文研、一九八七
[10] 堀田善衞『めぐりあいし人びと』集英社、一九九三
[11] 椎名麟三ほか、座談会『わが文学、わが昭和史』筑摩書房、一九七三
[12]『横浜事件・再審裁判を支援する会　会報一号』一九八六
[13] 美作太郎ほか『言論の敗北─横浜事件の真実─』三一書房、一九五九
[14] 畑中繁雄『覚書　昭和出版弾圧小史』図書新聞社、一九六五
[15] 美作太郎ほか『言論の敗北─横浜事件の真実─』三一書房、一九五九
[16] 中村智子『横浜事件の人びと』田畑書店、一九七九
[17] 中村智子『横浜事件の人びと』田畑書店、一九七九
[18] 木村亨『横浜事件の真相─再審裁判のたたかい』笠原書店、一九八六
[19] 細川嘉六ふるさと研究会『泊・横浜事件七〇年　端緒の地からあらためて問う』梧桐書院、二〇一二

[20] 中村智子『横浜事件の人びと』田畑書店、一九七九
[21] 松崎まき編『横浜事件　木村亨全発言』インパクト出版会、二〇〇二
[22]「日天会々報」一二号、一九八九年刊、松崎まき編『横浜事件　木村亨全発言』インパクト出版会、二〇〇二
[23] 日天会々報」一五号、一九九二年刊、松崎まき編『横浜事件　木村亨全発言』インパクト出版会、二〇〇二
[24] 石川達三『風にそよぐ葦』(下)、毎日新聞社、一九九九
[25] 石川達三『風にそよぐ葦』(下)、毎日新聞社、一九九九

参考文献

(1) 細川嘉六ふるさと研究会『泊・横浜事件七〇年　端緒の地からあらためて問う』梧桐書院、二〇一二
(2) マスコミ倫理懇談会全国協議会「第四期『メディアと法』研究会第三回記録」二〇〇五
(3) 小野貞・気賀すみ子『横浜事件・妻と妹の手記』高文研、一九八七
(4)『横浜事件・再審裁判を支援する会　会報六一号』二〇〇七
(5) 畑中繁雄『日本ファシズムの言論弾圧抄史』高文研、一九八六
(6) 高橋善雄『ソ連邦国家予算』皐月会、一九三九
(7) 石川達三『風にそよぐ葦』(上)(下)毎日新聞社、一九九九
(8) 石川達三『風にそよぐ葦　戦後編』(上)(下)毎日新聞社、一九九九
(9) 大佛次郎『ノンフィクション全集第1巻　ドレフェス事件、ブゥランジェ将軍の悲劇』朝日新聞社、一九七一
(10) 渡辺一民『ドレ—フェス事件』筑摩書房、一九七二
(11) 黒田秀俊『血ぬられた言論—戦時言論弾圧史—』学風書院、一九七六
(12) 松崎まき編『横浜事件　木村亨全発言』インパクト出版会、二〇〇二

その三　再審裁判の軌跡

初鶏や　八紘一宇に　鳴きわたる

一九四五（昭和二〇）年八月一五日、戦争は終わった。横浜拘置所にいた細川嘉六はその日の獄中のざわめきを鮮明に記憶していた。

　その日は、昼頃からざわついておる。夕方になって雑役に調べたら、天皇の放送があって、それを聞いたというんだ。それで分かったんですよ。そのときから朝になってから話し合いも大分自由になった。　初鶏や　八紘一宇に　なき渡る（ママ）（略）　愉快だったよ。[1]

天皇の玉音放送のあと、横浜拘置所の雑役の床屋が、同じ拘置所の独房にいた「泊事件」の木村亨に細川嘉六から渡された一片の紙片を投げ込んだ。木村亨はこのことを一生忘れることはなかった。

　ぼくの生涯で、あれほどショッキングなことはあとにもさきにも他にはない。それは一九四五（昭和二〇）年八月一五日のひる過ぎのことであった。

横浜拘置所第三舎二階六号室のぼくの独房の小さなのぞき窓へ、そのとき雑役の村松君が息をはずませながら駆け寄って来て、口をつけんばかりにしてこう囁いたのである。「木村さん、あんたたちが言っていたとおりになりましたね。つい先刻、天皇の降伏放送がありましたよ。これは細川先生からです」。

と、すばやく彼は下の差入口から小さな一片の紙片を投げ込んでくれた。急いで取り上げて、紙片のシワを伸ばしてみると、まさしく細川先生の字で、その日正午の天皇の降伏放送を諷して詠んだ一句がまず目に入った。

〝初鶏や　八紘一宇に　鳴きわたる〟

そしてそのつぎに細川先生の大切な伝言が書き込まれていたのである。

「木村君、わたしたちに対する当局の不法拘禁は断じて許すことが出来ない。総理大臣か司法大臣がここへ来て、手をついて謝らない限り死んでも出てやらぬ覚悟を決め給え」

独房のド真ん中に正座して、細川先生のレポを読み終わったぼくは、細川先生からのその呼びかけに対する全面的共鳴と感激の余り、ガバと起ち上って、正面の鉄扉の上のかまちへ両手で飛びつくと、ぶら下った両足で鉄扉を思いっ切り激しくガンガン蹴りつけた。足先が痛かった。ふだんなら巡視の看守が飛んで来て、懲罰をくらうところだが、このときばかりは獄中がシーンと静まり返って看守の姿も見えない。

翌日、ぼくは早速、海野晋吉弁護士に連絡を取って、細川先生とのくだんの共同作戦を泊組全員でやることを正式に申し入れた。しかし海野弁護士からそんな申し入れを受けた石川勲蔵予審判事はそれを拒んだばかりではなく、ぼくたち泊組の者たちを細川先生から分離してしまった。そのときのぼくの口惜しさは実に断腸の思いであった。

　ただひとり細川先生だけは治安維持法撤廃直前に免訴を斗い取られたのであった。総理大臣らは手をついて謝るどころかA級戦争犯罪人として投獄されてしまった。

　細川先生の終始一貫した新民主主義の主張と弾圧に抗した不撓不屈の気魄はぼくたちに本当の反骨の在り方を教えてくれたのである。[2]

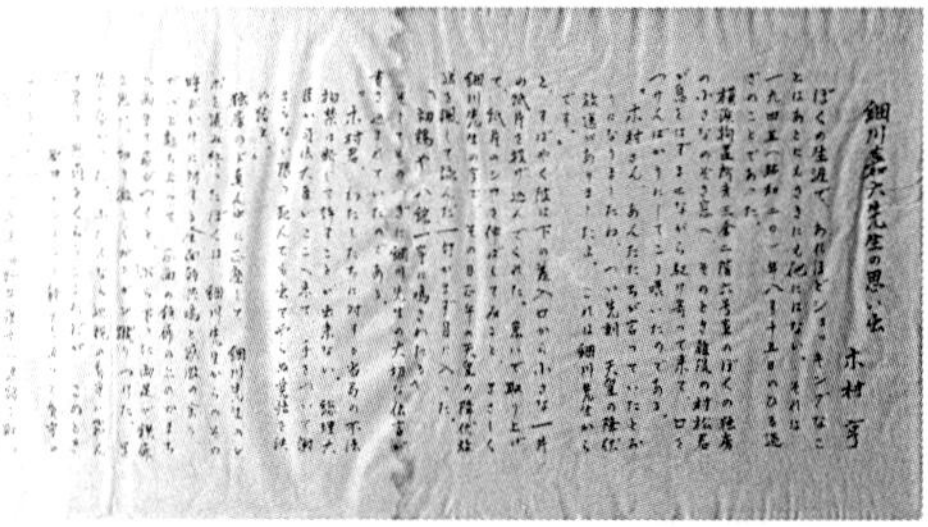

1980（昭和55）年11月5日、木村亨が書いた書画「細川嘉六先生の思い出」
富山県朝日町ふるさと美術館所蔵

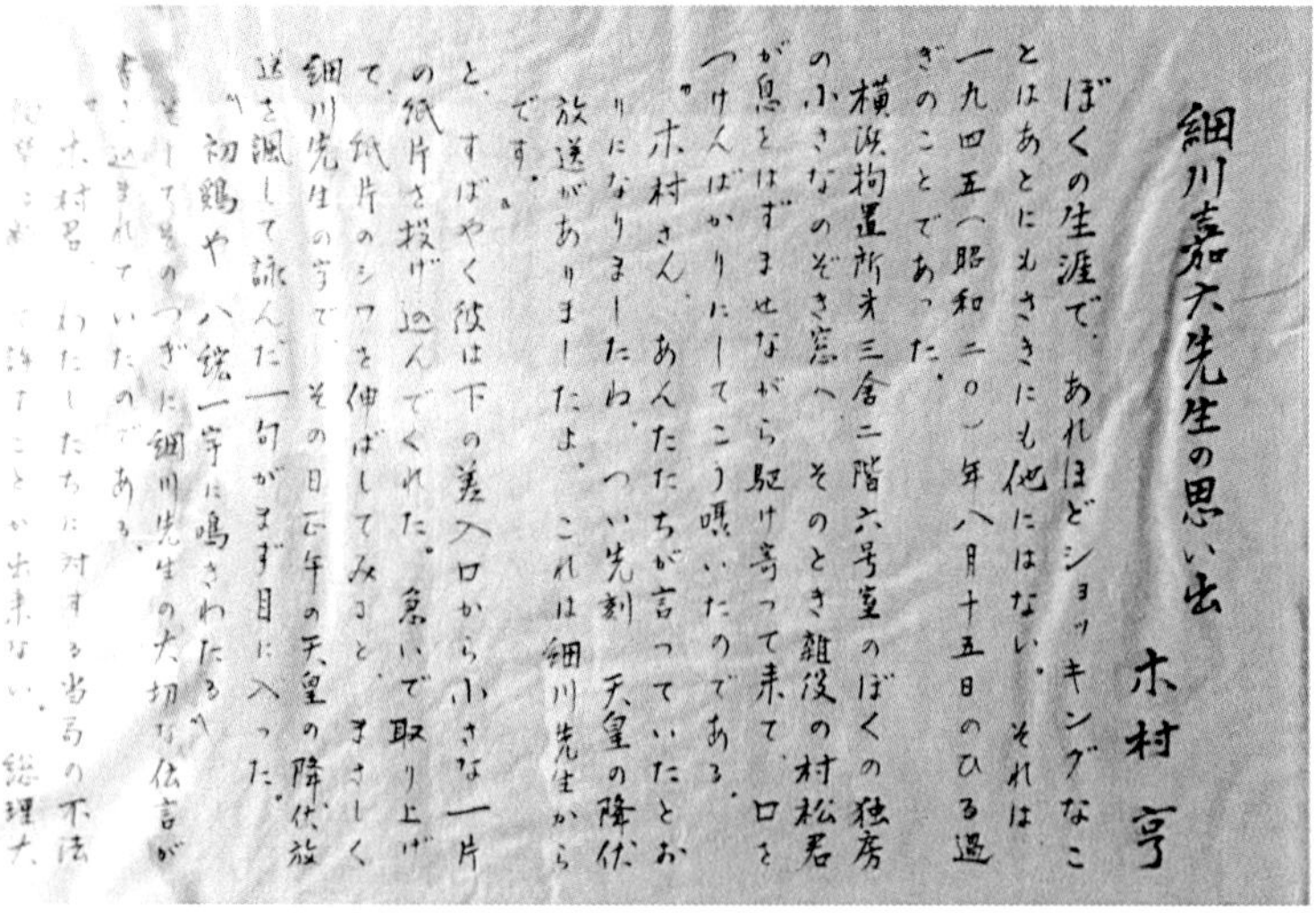

細川嘉六先生の思い出　木村亨

ぼくの生涯で、あれほどショッキングなことはあとにもさきにも他にはない。それは一九四五（昭和二〇）年八月十五日のひる過ぎのことであった。

横浜拘置所オ三舎二階六号室のぼくの独房の小さなのぞき窓へ、そのとき雑役の村松君が息をはずませながら駆け寄って来て、口をつけんばかりにしてこう囁いたのである。

"木村さん、あんたたちが言っていたとおりになりましたね。つい先刻天皇の降伏放送がありましたよ。これは細川先生からです。"

と、すばやく彼は下の差入口から小さな一片の紙片を投げ込んでくれた。急いで取り上げて、紙片のシワを伸ばしてみると、まさしく細川先生の字で、その日正午の天皇の降伏放送を諷して詠んだ一句がまず目に入った。

"初鶴や八紘一宇に鳴きわたる"

そしてそのつぎに細川先生の大切な伝言が書き込まれていたのである。

木村君　わたしたちに対する当局の不法

許すことか出来ない。総理大

木村亨が書いた書画「細川嘉六先生の思い出」を拡大

終戦のその日の細川からの一片の連絡を忘れることのなかった木村は、再審請求前の一九八〇(昭和五五)年一一月、細川のふるさとを訪れた際に、細川の思い出を長さ一・五メートルにわたる書画として一気に筆をとった。現在、この書画は細川のふるさと、富山県朝日町のふるさと美術館に所蔵されている。

終戦直後、「泊・横浜事件」関係者として無罪を主張しつづけた細川は免訴となり、一九四五(昭和二〇)年九月四日、保釈出所した。「免訴」とは、検察官の公訴権がないことを理由に、犯罪事実の有無を判断せず、裁判手続きを打ち切る制度である。一方、この年の九月一五日、横浜地裁は「泊事件」の相川博、小野康人、加藤政治、木村亨、西沢富夫、平館利雄に懲役二年執行猶予三年の有罪判決を下した。六人の裁判は、公判と判決を一日で行うというやっつけ裁判だった。

終戦時、司法は事件の判決資料などはほとんど焼却したが、わずかに焼却されずに残っていた小野康人の判決書には「泊事件」のことは全く触れられず、不思議なことに拷問の原点となった事件そのものが判決書から消えていた。

細川嘉六ふるさと研究会『泊・横浜事件七〇年　端緒の地からあらためて問う』の一部を引用しながら戦後のことに簡単に触れていく。一九四五(昭和二〇)年一〇月一五日に治安維持法が廃止されたが、旧憲法の治安維持法により残忍きわまる拷問を受けた泊・横浜事件の被害者が戦後を生き抜き、再審請求を始めるまでには紆余曲折(うよきょくせつ)の長い時間を要した。

特高警察官から拷問を受けた人々は直ちに反撃を起こした。細川が座長となり、横浜拘置所があった地名の笹下（横浜市）をとって、横浜事件の被害者が笹下会を結成した。

一九四七（昭和二二）年四月二七日、会員三三人は拷問に参加した特高警察官三〇人を特別公務員暴行罪で横浜地裁に共同告訴し、五年後には、最高裁で三人の実刑が確定した。しかし、この年の四月に発効したサンフランシスコ講和条約によって大赦令を受けたこの三人は釈放された。特高警察官は一日も投獄されることなく、痛い思いをすることなく戦後を生きてきた。特高警察官が投獄されなかったことを後に知った笹下会の幹事・木村亨は激怒した。このことが木村の再審請求のきっかけになったともいえる。また、時代も戦前、戦時の言論、思想弾圧から大きく変わり始め、一九七五（昭和五〇）年、最高裁が示した「再審制度において『疑わしいときは被告人の利益に』という刑事裁判の鉄則が適用される」と判断した「白鳥（しらとり）決定」をはじめ、免田（めんだ）事件、財田川（さいたがわ）事件、松山事件などで、再審への道が開かれるという新たな風が吹き始めていた。

再審請求の闘い

一九八六（昭和六一）年七月三日、終戦時の「泊・横浜事件有罪判決」に対する再審請求が横浜地裁に出された。以後、再審請求は請求人が変わるなどして四次にわたって闘われた。

細川嘉六ふるさと研究会『泊・横浜事件七〇年　端緒の地からあらためて問う』では、第一次の再審請求から順を追ってまとめたので参考に見てほしいが、第一次では「泊事件」（木村亨・平館利雄・故小野康人の妻・貞）、「米国共産党事件」（故川田寿の分を含め川田定子）などの八名が再審請求書を提出した。「泊事件」の木村、平館の請求人と弁護団はこの再審請求に際し、一九八七（昭和六二）年七月四日から二日間、「泊事件」関係者の証言を求め、事件の端緒の地、朝日町を訪れた。細川が眠る大安寺を訪ね墓参した木村は「(再審請求は)細川先生の意志でもあり、必ず実現したいと話していた」と案内にあたった地元の地方史研究家・奥田淳爾は語っていた。

第一次再審請求は地裁、高裁、最高裁、いずれも「棄却」に終わったが、棄却の理由は「裁判の記録が存在しない」というものであった。第二次の再審請求は一次の請求人の中でただ一人、予審終結決定書と判決書の二つが残っていた小野康人一人とし、一九九四(平成六)年、小野の代理人、妻・貞

横浜地方裁判所　2005年12月　金澤敏子撮影

大安寺に細川を墓参する木村亨さんら(右から3人目が木村さん)
1987(昭和62)年7月　奥田淳爾さん提供

大安寺を訪ねた再審請求人と弁護団(右から2人目が木村さん)
1987(昭和62)年7月　奥田淳爾さん提供

による再審請求が行われ、貞亡きあとは子である小野新一（二男）と齋藤信子（長女）の二人が受け継いだが、二〇〇〇（平成一二）年、裁判所はすべての請求を棄却した。この間、「泊・横浜事件」再審請求運動の中心人物だった木村亨が「捨てし身の　裁きにひろう　いのち哉」の句を残して、一九九八（平成一〇）年七月一四日（享年八二）に他界した。木村の妻・まきら遺族は木村亨の遺志を受け継ぎ、新たに加わった請求人とともに第三次再審請求を起こした。請求人は「泊事件」の木村まき（故亨夫人）、平館道子（故利雄長女）、さらには「政治経済研究会事件」、「改造社・中央公論社内左翼グループ事件」の遺族ら合わせて八人だった。

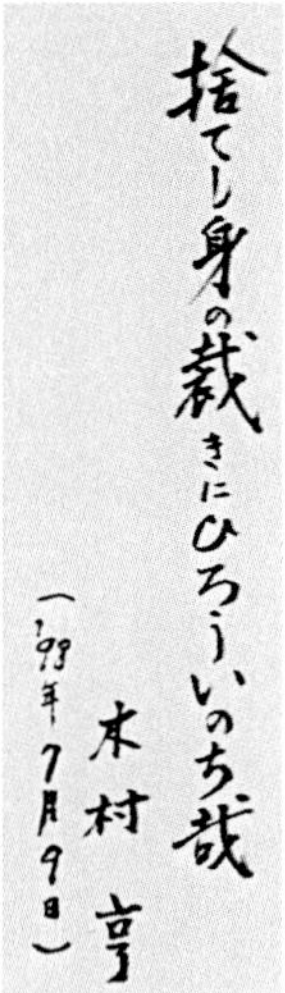

右：木村直筆の句　ギャラリー「古藤」にて展示
2023（令和5）年12月　金澤敏子撮影
左：木村亨が生前、妻・まきに贈った誕生日お祝いの色紙
1998（平成10）年　ギャラリー「古藤」提供

一九九八（平成一〇）年八月一四日、横浜地裁に出された第三次再審請求は、二〇〇三（平成一五）年四月一五日、初めて地裁で再審開始決定が出た。地裁の決定理由は、ポツダム宣言受諾後の治安維持法による判決は無効である事は認める。免訴にするべきで、弁護団の「無罪言い渡し要望は失当（しっとう）（引用者注：道理にかなわぬこと）」であった。

二〇〇三（平成一五）年四月一五日、横浜地裁は上記理由で再審開始を決定したが、直ちに検事側が即時抗告し、二年余りを経過した二〇〇五（平成一七）年三月一〇日、東京高裁で再審開始が決定した。一九八六（昭和六一）年の一次請求から一九年目、ようやく念願の再審開始決定ではあったが、「泊・横浜事件」の犠牲者で「再審開始」の決定を手にすることができた人は誰もいなかった。

横浜地裁での再審公判は、二〇〇五（平成一七）年一〇月一七日（第一回）と一二月一二日（第二回）の二回にわたって開かれたが、筆者（金澤）は傍聴席で公判を請求人とともに聞いた。公判後の記者会見で請求人の木村まきは次のように語った。

一九七六年初めて被害者全員の法要を東京谷中（やなか）の全生庵（ぜんしょうあん）でしたのですが、その時にお寺の住職さんが書いた色紙をきょうは持って参りました。私自身としては木村亨の遺骨も、一部ですが一緒に持って来ました。何か助けてもらえそうなので。そして私、きょうは、登山靴を履いてきました。横浜事件のことは、いろんなところで話をしたり、皆さんと交流をして、生きている限り横浜事件のことは続けて行こう、しっかり歩いて行こうという意味で登山靴にしました。判決日は二月九日ですが、内容のない判決が出るのではないかと心配しています。望むのは無罪です。免訴は許せないことですが、無罪という、ただひとことでは許されないので、内容のある判決を望んでいます。

また、この記者会見で森川金寿弁護団長は「何というか、感慨無量というか。やはり人生の非常に長い歳月を経てきたわけで六〇年前のことですからね。再審で治安維持法事件を取り上げることは今までなかったことではないかと思います。再審公判を実現したことは大変大きな意味を持っていると考えています。本当に、万感こもるという感じですね」と答えた。

自分自身の長い弁護活動を振り返りながら話す森川団長の目には、光るものがあった。

「泊・横浜事件」の再審に命をかけた森川金寿弁護士や木村亨はすでに亡く、亨の請求代理人・まきも逝ってしまった。ギャラリー「古藤」の「木村まきを偲んで　治安維持法の時代を考える」は、二〇二三（令和五）年一二月二二日、四日目のトークイベントに入った。今夜のトークは父・森川金寿弁護士とともに親子二代で「泊・横浜事件」に関わった金寿の子・文人（ふみと）である。筆者（金澤）は、森川文人がこの事件について今、何を語るのか、大雪警報の出る富山から再び「古藤」へ駆けつけた。家族ぐるみで関わった再審裁判、文人は淡々と話し始めた。

森川文人弁護士　2023（令和5）年12月22日　金澤敏子撮影

父・金寿は九三歳まで弁護士をしていまして、私は父が五〇歳前後の時に生まれた子どもです。最初、横浜事件と関わるようになったのは、司法試験の浪人中の時で、一九八六年七月三日、第一次再審請求申立の日。父の鞄持ちをしていました。たくさんの報道陣に囲まれながら、「横浜事件」とは何なのか、関心を持つようになりました。

父と木村（筆者注：木村亨さんのこと）さんは、自宅事務所でいつでも、よく二人で議論をしていました。木村さんは『全発言』（筆者注：『横浜事件　木村亨全発言』）のなかで、「私が自分の人生で細川嘉六先生という反骨の人に出会ったことに次いで、森川金寿という人権弁護士との出会いほど、深い感動は他にない。以前、平館氏と一緒にある弁護士事務所で再審の相談をしたとき、そこでは『判決文がないと手続きができない』と断られたが、森川先生はそのとき『判決文は裁判所が保管する義務があるのです。裁判所に作らせればいいのです。』ときっぱり言い切った」とある。木村さんにとっては父の力強い言葉だったでしょう。父の弁護士として事件に対する基本的な発想は、被告人らのせいではなく、むしろ国の故意により判決等がないのに再審が妨げられるなんておかしい、ということでした。

戦時中最大の言論弾圧事件にどのような再審判決が出るのか、関係者のみならず、各メディアが注目する中、二〇〇六（平成一八）年二月九日、横浜地裁は、元被告五人（いずれも故人）全員に、有罪か無罪かを判断しない「免訴」の判決を言い渡した。

判決理由は「治安維持法は一九四五（昭和二〇）年一〇月一五日に廃止され、同一七日に施行された大赦令（たいしゃれい）により元被告らは大赦を受けた。従って本件は公訴権が消滅しており、審理を進めることも、有罪無罪の裁判をすることも許されない」ということであった。旧刑事訴訟法は「刑の廃止」や「大赦」があったとき、訴訟を打ち切る免訴判決を定めていた。

地裁に続く二〇〇七（平成一九）年一月一九日の東京高裁判決も「免訴」、二〇〇八（平成二〇）年三月

一四日も最高裁判決も結局は「免訴」に終わった。
一九四四（昭和一九）年一一月、未決拘留中に獄死した浅石晴世（第一章その二に掲載）の元フィアンセだった小泉文子は「免訴」判決に激しく憤った。

再審を求めた人々は、何を訴えているか、考えてみて下さい。検察側のある人々が恐らく、自分の手柄にしたいと拵え上げた容疑「共産党再建を企てた」によって捕らえられ、残酷な拷問を受け，半死半生の状態で一刻も早く解放されるためには、検察側の容疑を肯定することだったのです。横浜事件の発端となった細川嘉六先生は〝最後まで頑張るんだぞ〟と励まされたのに、身体の苦しさから検察側の容疑を肯定してしまったという若い人々の良心の呵責なのです。（中略）それでも、一度肯定してしまった検察側の容疑は、犯罪として記録された、それをシロにして欲しいと、あらたに訴えようとしても「裁判資料が無い」という理由で、六〇年間もその訴えに耳を傾けなかった、それは国家の犯罪ではないのでしょうか？

法廷を揶揄するごとく免訴とう　亡き人々の魂　よみがえりませ　今
いのちかけて　国を憂いし若きらに　犯罪の衣　被せしまま　ああ免訴
廃棄せし　書類の管理責任は　国にあるべし　裁くは誰ぞ[3]

第三次再審裁判と重なって第四次請求が行われていた。第四次は第二次の請求代理人である小野康人の遺族で、二〇〇二（平成一四）年三月一五日に再度の再審を求めた。第四次の再審請求理由としては、原有罪判決は予審終結決定書の泊会議部分を削除しており、これは同会議を虚構と認定した証拠であるとし、「泊事件」の虚構、さらには細川論文解釈の誤りをただすことが柱であった。しかし、横浜地裁における第三次の再審で「免訴」判決が出たように第四次でも「免訴」を危惧した弁護団は、再審請求補充書を提出、再審開始「決定」の中で「泊・横浜事件」の権力犯罪が明らかにされることを要望するとともに、「拷問による自白」を再審請求理由に加えた。

二〇〇八（平成二〇）年一〇月三一日、横浜地裁は第四次への「再審開始決定」を出した。この間、「泊事件」の舞台となった旧泊町の料理旅館「紋左」の一角に「泊・横浜事件 端緒の地」と刻まれた高さ一・二メートルの石碑が建立された。石碑の右側面には、細川嘉六を筆頭に犠牲者八人の名前が記されている。この石碑は治安維持法犠牲者国家賠償要求同盟本部、横浜事件・再審裁判を支援する会富山、横浜事件再審全国ネットワーク富山の三団体による建立委員会が募金活動を行い、建立にこぎつけたものである。

「紋左」の一角に建つ「泊・横浜事件 端緒の地」石碑　2023（令和5）年11月　金澤敏子撮影

第四次の「再審決定開始」の理由は、原有罪判決が証拠とした自白は拷問によるもので、泊会議は慰労会であったと断定し、「泊事件」の虚構を明らかにしたものであった。しかし、二〇〇九(平成二一)年三月三〇日の横浜地裁の判決はやはり「免訴」だった。「免訴」の決定理由は「すべての証拠を取調べ『実体的判断をすること(無罪)が可能な状態』であるが、法的障害があって『免訴』とした」というものである。この法的障害とは、第三次の再審公判で二年半にわたって争われた、法が廃止され、大赦を受けた際の「免訴事由」である。この判決の最大のポイントは「刑事補償法」について言及した点である。この判決を受け、小野の遺族は控訴せず、一九八六(昭和六一)年に始まった再審手続きは終結、遺族は「無罪の証明」を求めて刑事補償の手続きに移ることにした。刑事補償の手続きは以下の通りである。

▲二〇〇九(平成二一)年四月三〇日、横浜地裁へ第四次請求人が刑事補償による補償請求
実体的判定(無罪)とその公示を求める

▲二〇〇九(平成二一)年五月二九日、第三次請求人も刑事補償の申し立て
第三次の刑事補償申し立ての請求人は、再審請求人の中で「最後の元被告」だった板井庄作が亡くなり、高木健次郎の長男・晋も亡くなったため、木村亨・小林英三郎・平館利雄・由田浩の遺族四名

▲二〇一〇(平成二二)年二月四日、横浜地裁は第四次の請求人に「無罪を認定」した限度額いっぱいの補償を決定、第三次もこの日、二月四日に刑事補償決定

▲二〇一〇(平成二二)年六月二四日、新聞三紙に「刑事補償決定の公示」を掲載

ちなみに公示された小野康人の抑留拘禁による補償決定は、七八四日分九八〇万円だった。刑事補償決定を読んだ小野康人の遺族である小野新一は「この決定は日本の裁判における『戦争犯罪』、とりわけ治安維持法という悪法によって人生を大きく暗転させられた犠牲者に対して司法はどのように対処し、国はどう償うべきかという道筋をつけたものであり、今後の裁判の模範となるべき要素があると感じられた。この事件は冤罪がどのように作られるのかというプロセスばかりでなく、国家に不都合なメディア、あるいは言論人が巨大な虚構にはめ込まれていく危険の生きた証であり、マスコミの方々はこの裁判の意義を噛みしめて欲しい[4]」と感想を述べている。

さらに第三次の再審で免訴が確定した元被告の遺族、平館道子と木村まきの二人は、二〇一二(平成二四)年一二月に、違法捜査を訴えた国家損害賠償の訴訟をおこした。しかし二〇一九(平成三一)年、弁護側が期限内に必要な書面を提出しなかったため、上告を認めなかった東京高裁決定が確定した。最高裁は二〇一九(平成三一)年四月二三日、高裁決定を不服とする遺族の特別抗告を棄却する決定をした。

最終的に「免訴」判決となった再審判決、二〇〇六(平成一八)年、弁護士の森川金寿亡き後、「泊・横浜事件」は木村まきらによる国家損害賠償の訴訟の道を進んでいた。再び、森川文人の「古藤」でのトークを続けよう。

二〇〇五年に東京高裁で再審開始が決定され、再審公判が開かれ免訴判決が出ますが、無罪ではないんですね。何度も弁護団のインタビューに立ち会いましたが、淡々と冷静。弁護団みなさんの諦めない、という姿勢に圧倒されました。刑事補償は満額出たものの、まきさんから国賠請求をしたいと相談を受けました。まきさんが積極的でしたよ。まきさんがやりたいならやりましょう、二〇一二年一二月、東京地裁に民事提訴しました。

二〇一六年六月三〇日の東京地裁の判決は「拷問や意に反した手記の作成の強要、拷問の事実を認識したにもかかわらず、検察官や裁判官が拷問で得られた自白調書、手記等の信用性十分に検討せず、公訴提起、予審終結決定を行うなどをし、本件確定判決が言い渡されたこと、裁判所職員が何らかの関与をしての本件確定判決に係る訴訟記録の廃棄については、いずれも、国の公務員がその職務を行うことに当たって行ったものということができる」。

しかし、「国家無問責の法理」を認定しました。証拠隠滅が戦後のスタートであって、それによる救済の大きな遅延が生まれた。国家権力の姿勢が問われます。

この間の動きでどうしても触れておかねばならないのは、二〇一七（平成二九）年六月一五日、国会で強行採決され、同年七月一一日に施行された共謀罪法のことである。筆者ら「細川嘉六ふるさと研究会」では共謀罪法を取り上げ、朝日町の「紋左」において学習会を開いたほか、二〇一九（平成三一）年に出版した『スモモの花咲くころに　評伝　細川嘉六』でも治安維持法と共謀罪法について付け加えたのでこれを引用しておきたい。

共謀罪法は、市民の日常生活にもかかわる二七七種類もの広範な法律に違反する行為について、日本刑法では例外とされる予備罪にも至らない、犯罪の合意（＋準備の行為）を処罰しようとするものである。

共謀罪の最大の問題は、政府に異をとなえる市民団体・労働組合などの活動を未然に封じ込むために検挙するだけでなく、そのための広範な情報収集の根拠とされ、市民のプライバシーの権利（憲法一三条）、内心の自由（憲法一九条）、表現の自由（憲法二一条）を侵害する危険が極めて高いことである。言論・表現の自由は、団体・個人を問わず、主権者であるすべての市民にとって、根幹となる大切な権利である。

戦前、細川が闘ってきたのは、まさに表現の自由、言論の自由を守る闘いだった。「泊・横浜事件」は、治安維持法という悪法を容赦なく使い、警察権力が反体制的な市民を徹底的に弾圧した。共謀罪法の対象は、「テロリズム集団、その他の組織的犯罪集」となっているが、その認定は警察にまかされているから、制限はなきに等しい。治安維持法と共謀罪法は、その対象の広汎性と乱用の危険において全く同質である。「泊・横浜事件」のような、警察捏造の事件が二度と起きないよう、今後、共謀罪法の拡大解釈や恣意的運用に十分目を光らせ、権力の乱用を監視していかなければならない。[5]

「泊・横浜事件」を伝え続ける

「泊・横浜事件」という虚構の事件がでっちあげられてから八〇年になる。言論弾圧下の戦前にあって、軍靴高鳴る日本を憂い、絶えず昭和史への警告を発し続けた国際政治学者・社会評論家、細川嘉六のふるさと・泊は過疎という言葉に象徴されるように、確かにかつてのような賑わいは少なくなったが、通りからちょっと横丁へ入るとスクラムを組むような瓦屋根が続く。時代は移り変わっても、泊はどこか民衆の歴史が色濃く残る町だ。

　八〇年を経ても「泊事件」の舞台を訪ねて、時々全国からこの町を訪れる人がいる。「紋左」で名物の鱈汁（たらじる）をご馳走になりながら「こんな小さな町から言論弾圧の大津波が起きたのか」と泊の海と山を眺める人もいる。筆者（金澤）は、近隣の入善町に住んでいるので、「紋左」の集会で講演をしたり、地元の小学校・あさひ野小学校で六年生に対し、「泊事件について学ぶ」と題して話したこともある。児童たちは熱心にメモを取り、ふるさとの出来事に聞き入った。この時の児童たちの感想をいくつか記述する。「泊事件について調べて一番印象に残ったことは、朝日町民の強い心、細川さんへの信頼がとてもあったことです。私も細川

現在の朝日町泊周辺　2023（令和5）年11月　金澤敏子撮影

朝日町大屋（だいや）海岸　2023（令和5）年11月　金澤敏子撮影

さんが民主主義を伝えたように自分の意思をつらぬき通す人になりたいです」、「ぼくは調べていると、治安維持法という法律を見つけました。ぼくは細川さんたちはこの法律でなにも悪いことをしていないのに、逮捕されたと分かって、当時の警察はすごい悪い人たちだとぼくは思いました」、「細川さんは言いたいことをはっきりと、あきらめないで主張しつづけてがんばっているので、ぼくもそんな細川さんのようにはっきり自分の意見を言えるように一生努力して、それを身につけたいなと思いました」。この事件を通じて社会を学ぶことにつなげてほしいものだ。

一方、共謀罪法が公布された二〇一七（平成二九）年、東京の劇団「青年劇場」が「泊・横浜事件」を舞台化した演劇、「『事件』という名の事件」を上演した。会場は青年劇場スタジオ結（ＹＵＩ）・新宿で、およそ二週間の間に全一三公演を行った。筆者（金澤）も鑑賞したが、脚本・演出を担ったふじたあさや（ペンネーム）は、一九四四（昭和一九）年に特高に逮捕され拷問を受けた中央公論編集部長・故藤田親昌の長男である。ふじたは、獄中から解放され帰宅した時の父の姿が忘れられないという。殴られて歯が全部取れてしまい体はアザだらけだった。そんな父の思いを果たすため、ふじたは遺書のつもりでこの脚本を書いた。

登場人物は事件の実際の被害者であった川田定子、細川嘉六、木村亨をはじめ、唐沢俊樹内務次官、石川予審判事、海野晋吉弁護士などに役者が扮し、拷問の様子や無理やり自白させられたり、手記を書かせられたりする場面を熱演、泊の料理旅館「紋左」の女将役が富山弁で登場した。ふじたは、父・親昌や関係者に聞いた話など、ほとんど本人が書いたか語った言葉を脚本にし、ドキュメント仕上げの演劇だった。ふじたは、中でも父と同じ中央公論社の同僚社員であった木村亨を重要な登場人物と

まちのうごき

助け合いの力を身につけよう！

－中高連携推進事業ピア・サポート研修会－

12月10日、中高連携推進事業「ピア・サポート研修会」が行われ、生徒らは、仲間同士支え合うことの大切さを学びました。

この日は、泊高校・朝日中学校の生徒会や保健委員会、両校の教職員・保護者など約80名が参加。上越教育大学の学生によるピア・サポートの実践トレーニングでは、「はぐくもう思いやりの心！つくろう良い人間関係」をテーマに、両校の生徒がグループになり、厚紙を高く積み上げる作業に挑戦。お互いにコミュニケーションを図りながら、1つの目標に向かって積極的に取り組んでいました。

■ピア・サポートとは…互いに思いやり、助け合い、支え合う人間関係を育むための学習活動

みんなで考えよう、泊高校の将来を！

－ 第1回泊高校の将来を考える町民会議 －

12月3日、町内の各種団体(同窓会、自治振興会、町議会、小中学校のPTAなど)でつくる「泊高校の将来を考える町民会議」が発足し、役場で初会合が行われました。

町民会議は、県立学校整備のあり方について議論されている中で、泊高校の将来を考えるために組織されました。

会議では、笹原町長が「地域全体の機運の高まりが必要であり、町民が主体となって議論してほしい」と挨拶。座長に、水島一友町体育協会長、副座長に大谷邦寛同窓会副会長が就き、鹿熊正一県議会議員が参与を務めます。

この町民会議は、平成27年7月まで計4回の会合を行い、県へ提言書を提出する予定です。

泊事件について学ぶ

－ 社会科授業で外部講師を活用 －

あさひ野小学校では、6学年の社会科の授業において、「朝日町を生きる～近現代の世を切り開く朝日町民の力～」をテーマに、戦後最大の言論統制事件「泊事件」について学習しています。

その一環として、12月9日、細川嘉六ふるさと研究会・元KNBディレクターの金澤敏子さんを講師に迎え授業を行いました。金澤さんは、泊事件の概要や言論の自由を守ることの大切さを伝えながら、この事件の真実を後世へ語り継いでいってほしいと呼びかけていました。

児童は、メモを取りながら熱心に聞き入っていました。

2015.1 広報 あさひ 12

「泊事件」について学ぶ社会科の授業（朝日町・あさひ野小学校）　朝日町『広報あさひ』2015年1月号

して書いているが、木村亭の語る、柄沢警部補による拷問場面は実にリアルだった。その一場面を記述しておきたい。

（青年劇場上演台本小劇場企画No.22「『事件』という名の事件」より抜粋）

木村　五月二六日の夕刻である。山手警察署の二階の特高の取調室へ引き出されたぼくは、入口に近い板の床にひきすえられるように土下座させられた。

〈人形の木村亭を土下座させ、手に手に獲物（ママ）を持って取り囲む特高たち〉

木村　どやどやとぼくを取り囲んだ特高刑事の面々は五、六名。手に手に木刀やほぐた竹刀や壊れた椅子の足などをぶら下げて、土下座したぼくをにらみつけた。取り調べ主任の柄沢警部補が目くばせすると、いきなりその中の二、三名が、ぼくの両手を後ろ手に縛りあげて、手錠をかけた。柄沢が近づいてきてぼくの顔を両手でピシャピシャと殴りつけながら、口を切った。

柄沢　この野郎！よくも図々しくこの聖戦下に生き延びていやがった。貴様のような共産主義者は生かしちゃ帰さんからそう思え！

木村　その叫びを合図に、彼らは一斉にぼくに殴りかかってきた。頭といわず背中といわず、とこ

「『事件』という名の事件」ポスター
青年劇場提供

ろかまわず殴る蹴るの暴行がはじまったのである。
〈人形の木村に殴る蹴るの暴行を加える特高たち〉[6]

人形の木村亨がステージ中央で飛び跳ねる。演出のふじたは、芝居のパンフレットにこう記している。
――この上演を、木村亨氏と父母に捧げたい――

そう言えば、二〇二三(令和五)年一二月、東京のギャラリー「古藤」で開催された「木村まきを偲ぶ」集いで、永田浩三は木村まきが亨と結婚して初めて知った拷問の恐ろしさについて、まきの言葉を紹介していた。

夜にね、木村さんが突然うなされたりとか、何かの拍子で突然震えが来たりとかしてね。それが結婚して最初の頃まきさんはよくわからなかった、というんです。なんでー、という感じ。
実はそれは拷問されたときのことが、フラッシュバックされていたんだ、と解った。自分は木村亨の本当に辛いこととか、抱えている地獄について、最初、わからなかったと、おっしゃってました。木村亨を全部理解した訳ではなくて、闇の一部しか知らなかったって。

ギャラリー「古藤」では木村亨・まきを偲び、二〇二三(令和五)年一二月二一日にビデオ『横浜事件を生きて』と『人権ひとすじ』が上映された。『横浜事件を生きて』は横浜事件とは何だったのかを一九九〇（平成二）年、初めて映像化したもので、製作にあたった松原明も出席、「登場する人の多くは亡くなっているが、今のような時代になっていますので、もう一度この作品を見てもらえることは大変意味があると思う」と述べた。また、『人権ひとすじ』はビデオ撮影を学んだ木村まきが主に撮影を担当し、ナレーションもまき自らによるもので、まきが亭の追悼を込めて製作した作品であることを紹介した。このビデオはまきが「木村亭の闘いを撮るためだった」と語った松原の言葉が印象に残った。「泊・横浜事件」に関わる映像を見ながら、筆者（西村）も、木村亭とまきが歩んだ壮絶な人生に思いを馳せていた。

再審裁判に話を戻すが、東京高裁で再審開始が決定したあと、筆者の一人である金澤は番組取材のため第三次再審を支援する会の集会に度々参加していた。誰もが証言するように小柄のまきは大きなバッグとビデオ機材（三脚込み）を手にして、誰彼となく参加者に再審に関するビラなどを配っていた。ご自身が演台で再審勝利の意気込みを語った後は、ステージ下から講演する荻野富士夫や弁護団の話をビデオ収録するなど、ひとりなん役もこなしていた。とにかく、木村亭に関すること，再審に関することなどすべてを聞き取り収録し、紙切れ一枚でも無駄にしたくないという姿勢だった。再審の判決を前にした東京地裁の記者会見場でまきは、「きょうは、亭の遺骨を身につけてきました」、と語り無罪を勝ち取る高揚感にあふれていた。しかし、地裁判決に続き高裁でも免訴判決となり、激しく怒りの声をあげていたのが忘れられない。

まさしく亭の怒りが乗り移ったかの様子だったことを思い出す。

今回、ギャラリー「古藤」で開催された「木村まきを偲ぶ」集いで永田浩三、大杉豊、森川文人をはじめ、まきの友人にインタビューして感じたことは、亨の人間性回復の執念、ただただ一途に「泊・横浜事件」とはいったい何だったのか、拷問の恐ろしさとは何か、冤罪はなぜ起きたのか、亨とまき二人が生涯をかけて国を訴えてきた姿だ。

引用文献

[1] 一九五三(昭和二八)年一一月三〇日、細川嘉六への聞き取り調査(国際文化情報社)から
[2] 一九八〇(昭和五五)年一一月五日、木村亨が書いた書画「細川嘉六先生の思い出」(富山県朝日町ふるさと美術館所蔵)より
[3] 横浜事件の再審を実現しよう!全国ネットワーク編『横浜事件再審ネットニュース』第二七号
[4]『横浜事件再審裁判を支援する会会報 六九号』二〇一〇(平成二二)年七月五日
[5] 細川嘉六ふるさと研究会『スモモの花咲くころに 評伝 細川嘉六』能登印刷出版部、二〇一九
[6] 青年劇場上演台本小劇場企画No.22「『事件』という名の事件」

参考文献

(1) 細川嘉六ふるさと研究会『泊・横浜事件七〇年 端緒の地からあらためて問う』梧桐書院、二〇一二
(2) 細川嘉六ふるさと研究会『スモモの花咲くころに 評伝 細川嘉六』能登印刷出版部、二〇一九
(3)『横浜事件の経緯—再審請求闘争・討議資料』一九九八(平成一〇)年九月、横浜事件を考える会
(4)『横浜事件再審裁判を支援する会会報 一号~七〇号』一九八六(昭和六一)年一二月~二〇一〇(平成二二)年七月
(5) 橋本進「雑誌編集者から見た横浜事件」『世界』一九九九(平成一一)年一〇月号
(6)『泊・横浜事件端緒の地—事件の実相と闘いの経過—』「泊・横浜事件端緒の地」建立委員会、二〇〇八

(7) 大川隆司ほか『横浜事件・再審裁判とは何だったのか』高文研、二〇一一
(8) 横浜事件・再審裁判＝記録／資料刊行会『全記録　横浜事件・再審裁判』高文研、二〇一一
(9) 横浜事件・再審裁判＝記録／資料刊行会『全記録　横浜事件・再審裁判』高文研、二〇一一

第二章

国家の思想弾圧　虚構の「大逆事件」

その一　「大逆事件」前夜、その時代とは

明治国家と社会主義思想

第一章では、獄死四人、保釈直後の死一人から八〇年になる「泊・横浜事件」という、国家がでっちあげた虚構の権力犯罪を追ってみた。このような国家権力による言論弾圧がまかり通ったのが太平洋戦争さなかである。その背景にあったのは飽(あ)くなき拷問の暴虐を許した治安維持法だった。「泊・横浜事件」が昭和の治安維持法事件とするならば、それよりおよそ三〇年前の一九一〇（明治四三）年、治安維持法前の絶対主義的天皇制を守るために、国家権力をあげてでっち上げた明治の一大国家権力犯罪が、「大逆事件」であった。

事件の翌年、一九一一（明治四四）年初め、非戦論者として日本における反戦・平和の原点とされた社会主義者・幸徳秋水(こうとくしゅうすい)（本名伝次郎）ら二六人全員が、明治天皇暗殺謀議を企てたとして有罪となり、この

幸徳秋水
出所：神崎清『実録　幸徳秋水』読売新聞社、1971

うち、幸徳秋水、管野須賀子（区役所への届け名は「すが」、のちに「スガ」と改まったが、新聞記者になってから「須賀子」としたので、本書では「須賀子」を使用）ら一二人が死刑となった。これこそ、まさしく架空の政治的陰謀に当時の司法権力が加担した虚構の冤罪事件であった。

第二章は「泊・横浜事件」とともに忘れてならない国家の権力犯罪「大逆事件」を多くの研究者の資料の助けを借りてその軌跡を追う。

一九一〇（明治四三）年といえば、大日本帝国が韓国を「併合」した年である。「大逆事件」の『韓国併合』は偶然に、突発的に起きた出来事ではない。着々と進めてきた『韓国併合』を完成させる上で、反対世論を形成する危険性の極めて高い社会主義者らの弾圧は欠かせない環境条件であった[1]」と関根哲男は言うが、「大逆事件」の前に、明治近代化とともに始まった当時の社会情勢を簡単に説明しておく必要があろう。

明治近代化の柱は「殖産興業」とともに、もうひとつの柱が「富国強兵」であった。この富国強兵策に反対して国民の参政権や地租軽減などを求めた民主主義的な運動が、いわゆる自由民権運動で、板垣退助らによる民撰議院設立の建白をきっかけとして自由民権運動が高まった。こうした自由平等・正義博愛の精神の影響が広まるなか、一方では一八九四（明治二七）年から日清戦争が始まり、軍事力強化路線も増大していく。やがて新聞をはじめとする言論界の充実が進むなか、日清戦争をきっかけとして労働者と資本家の対立が生まれ、労働運動が勃興しはじめた。

一八九七（明治三〇）年頃から国内でも社会問題の発生が注目を集めるようになり、一八九七（明治三〇）年の社会問題研究会に続いて、一八九八（明治三一）年、片山潜らによって社会主義研究会が設立されるに及んで新聞界に身をおいていた幸徳秋水らはこの研究会に入会、秋水は自由民権論よりむしろ本格的な社会主義への道を歩むことになった。

幸徳秋水、片山潜らについては、このあと、時に応じ紹介していくことになるが、幸徳秋水は一八七一（明治四）年、高知県生まれの社会主義者、片山潜は一八五九（安政六）年、岡山県生まれの労働運動指導者であった。

ただ、日本近代史・民衆思想史の研究者であった色川大吉（いろかわだいきち）に言わせれば、「もともと明治の社会主義は階級闘争の理論というより極めて人道的なもので、清馬（せいま）（引用者注：坂本清馬のこと、「大逆事件」で無期懲役となったが、戦後、再審裁判の請求人となった）のような反抗的青年の抱く不満や自由への願望を形あるものとして実現する理想をそなえていた。それだけに正義感の強い純情派の青年の多くをひきつけ得たのであろう。明治三〇年代の初期社会主義は、そうした青年たちを抱えて、キリスト教系、人道主義的文学系、自由民権系、マルクス派系など多様な幅広い思想運動として成り立っていた[2]」というから、社会主義といってもさまざまな流れがあったようだ。

自由民権、労働運動を含め、社会主義が進化していくなかで時代の社会的な流れとして筆者（向井）がどうしても指摘しておきたいのは足尾（あしお）鉱毒事件である。

一八六八（明治元）年に始まった明治維新のひとつの象徴が鉱山開発であった。特に足尾銅山は明治維新以後、日本の近代の始まりを担った主要な鉱山であったということもあるが、何よりも、鉱毒の犠牲となったのが、名もなき民衆としての農民たちであり、その農民たちに犠牲を強いたのが、財閥と国家であったという歴史的事実がある。

足尾鉱毒の財閥を象徴する、古河鉱業の創始者は古河市兵衛であった。

前述した「殖産興業」「富国強兵」を旗印にした日本の近代化は、鉱山の開発を一気に促した。この担い手となったのが、財閥と呼ばれる、一族の独占的出資による資本を中心に結合した経営形態である。筆者が実際に足尾鉱山に足を運んだのは二〇〇〇年代初めの頃で、ほぼ同時期に鉱山開発に突き進んだイタイイタイ病の神岡鉱山と比較しながら、古河財閥が近代化を急ぐ国と一緒になって一大開発を急いだ廃墟の跡を訪れた。

両毛線桐生駅から車で国道一二二号線を山手に向って走る。渡良瀬川の川沿いを走る「わたらせ渓谷鉄道」の線路を横目に上流へ駆けあがると、そこはかつて栄華を極めた足尾の町である。今はもちろん閉山となって久しい足尾には人の気配もほとんどなく、異様な足尾銅山製錬所の大煙突が忘れ去られたようにその残骸を曝していた。

日本の公害の原点とされる足尾銅山の歴史について簡単に触れる。そもそも足尾鉱毒事件とは、足尾銅山から排出される鉱滓・鉱毒が渡良瀬川に流入し、沿岸の群馬、栃木、茨城、埼玉

足尾銅山の位置　　永井真知子作成

の四県で大きな被害を出したものである。足尾銅山製錬所が操業を開始したのは、一八七七（明治一〇）年であるが、それからほどなくして一八八五（明治一八）年八月の『朝野新聞』に渡良瀬川の鮎の被害が記事となって登場した。

旧足尾銅山製錬所　2017年8月　向井嘉之撮影

旧製錬所の煙突、手前が渡良瀬川　2017年8月　向井嘉之撮影

香魚皆無　栃木県足利町の南方を流る、渡良瀬川は、如何なる故にや春来、香魚少なく、人々不審に思ひ居りしに、本月六日より七日に至り、夥多の香魚は悉く疲労して遊泳する能はず、或

は深渕に潜み或は浅瀬に浮び又は死して流るゝもの尠なからず、人々争ひて之を得むとて網又は狭網(さで)を用ひて之を捕へ多きは一、二貫目少なきも、数百尾を下らず小児と雖(いえ)ども数十尾を捕ふるに至り、漁業者は之を見て今年は最早是にて鮎漁は皆無ならんと嘆息し居れり、斯ることは当地に於て未曾有のことなれば、人々皆足尾銅山より丹礬(たんばん)の気の流出せしに因るならんと評し合へりとぞ。[3]

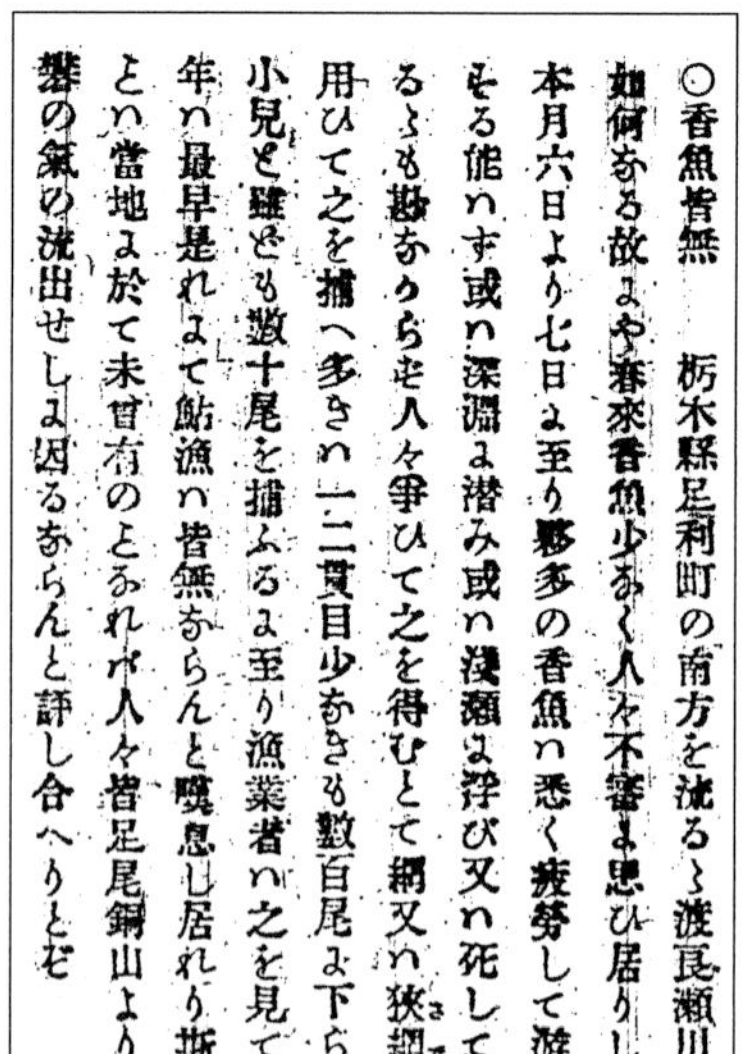
○香魚皆無　栃木縣足利町の南方を流るゝ渡良瀬川は如何なる故にや春來香魚少なく人々不審に思ひ居りしに本月六日より七日に至り夥多の香魚は悉く疲勞して游泳する能はず或は深淵に潜み或は淺瀨に浮び又は死して流るゝも尠なからず人々爭ひて之を得むとて網又は狹網(さで)を用ひて之を捕へ多きは一二貫目少なきも數百尾を下らず小兒と雖ども數十尾を捕ふるに至り漁業者は之を見て今年は最早是れにて鮎漁は皆無ならんと嘆息し居れり斯ることは當地に於て未曾有のことなれば人々皆足尾銅山より丹礬の氣の流出せしに因るならんと評し合へりとぞ

『朝野新聞』　1885（明治18）年8月12日付け

丹礬とは銅山から出る硫酸塩鉱物のことである。

この記事が報じられた一八八五（明治一八）年は、古河が西洋式の製錬法を導入し、産銅量を一気に増やした年で、たちまち被害が顕在化した。採掘技術の進歩は大規模化を促し、製錬に伴う亜硫酸ガスなどの放出で、山林や農作物に壊滅的な被害をもたらした。被害を受けた山林面積は約四〇〇平方キロに及んだという。[4]『通史　足尾鉱毒事件一八七七―一九八四』は、足尾銅山における鉱毒被害の顕在化過程をわかりやすく図にしているので、これを引用したが、鮎の大量死に始まった鉱毒被害は山林樹木の枯死、そして渡良瀬川流域の農地被害へ拡大していったのである。

これらの被害をさらに拡大したのは、一八九〇（明治二三）年の大洪水を初め、幾多の洪水である。田中正造（たなかしょうぞう）が足尾銅山の鉱毒問題を帝国議会で追及したのは、一八九一（明治二四）年であるが、この頃から渡良瀬川流域農民の古河への鉱業停止要求などの住民運動が始まった。この時点で足尾鉱毒事件は、日本における初めての公害問題として社会的に明らかになっていった。しかし、このあとの日清戦争、日露戦争は否応なしに銅の需要を必然とし「銅は国家なり」の言葉に象徴されるように、明治政府は農民の鉱毒反対闘争を弾圧した。明治政府は中央集権体制を固め、農民を犠牲にしながら地方を踏み台に国家づくりを進めた。

自由民権家出身の政治家・田中正造は、一八九一（明治二四）年以来、被害農民たち

田中正造（63歳当時）
出所：大鹿卓『渡良瀬川』中央公論社、1941

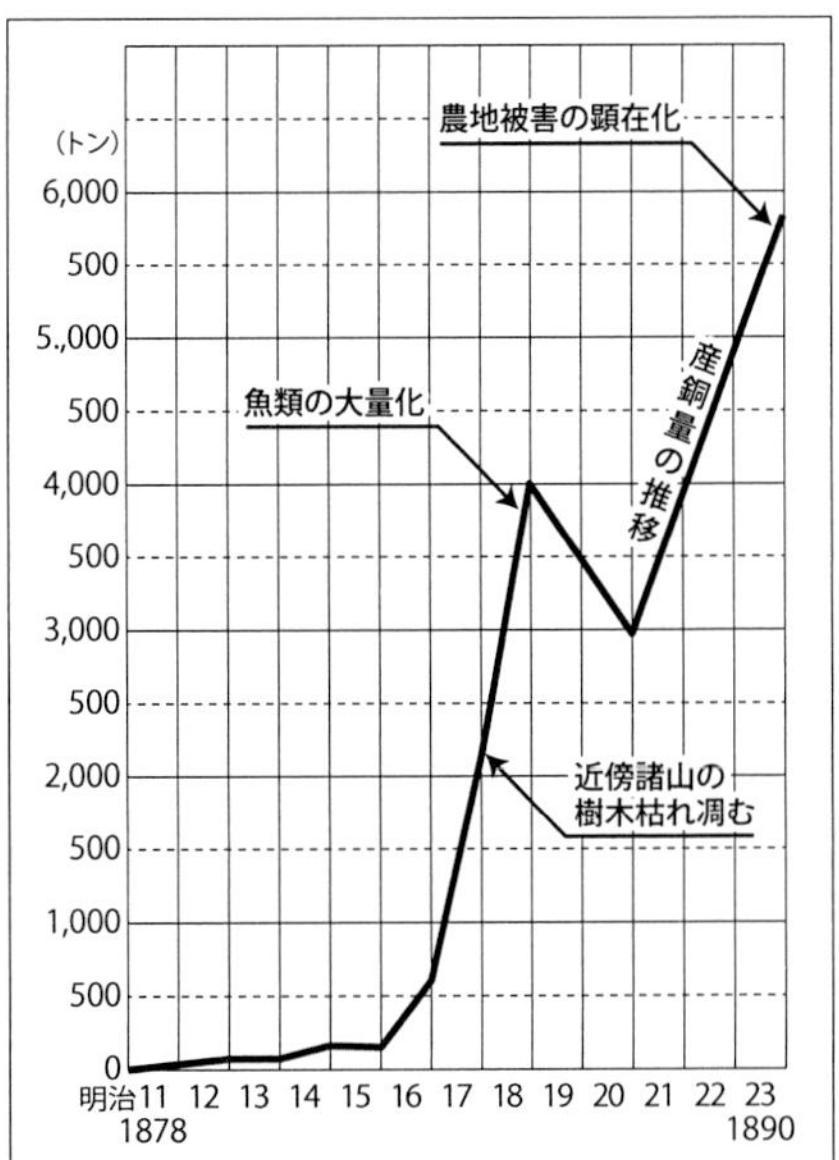

足尾銅山鉱毒被害の顕在化過程　東海林吉郎・菅井益郎『通史　足尾鉱毒事件1877－1984』新曜社、1984

とともに時の政府に訴え、一旦は国が鉱毒の被害を認めたが、相次ぐ被害の中で農民たちの声を無視するようになった。これに怒った田中正造は議員を辞職し、一九〇一（明治三四）年一二月一〇日、天皇に対する直訴を決行するに至った。実はこの直訴状は田中の依嘱を受けて当時『万朝報』の記者だった幸徳秋水が徹夜して書き上げたものであった。当時、『毎日新聞』記者だった木下尚江は、『神・人間・自由』に直接、田中正造と幸徳秋水から聞いたいきさつを詳しく書いている。

> 翁（引用者注：田中正造）の物語で、いろいろの事情が明白になった。翁は先ず直訴状依頼の当夜の事から語った。翁が鉱毒地の惨状其の由来、解決の要求希望、すべて熱心に物語るのを、幸徳は片手を懐中にし、片手に火箸で火鉢の灰を弄ぶりながら、折々フウンヽと鼻で返事するばかり、如何にも気の無さそうな態度で聞いて居る。翁は甚だ不安に感じたそうだ。自分の言ふことが、此人の頭に入ったかどうか、頗る不安に感じたそうだ。さて翌朝幸徳から書面を受取る、直ぐに車で日比谷へ行った。時が早いので、衆議院議長の官舎へ入った。此日は開院式の為めに、議長官舎は無人で閑寂だ。翁は応接室の扉を閉じて、始めて懐中から書面を取出して読んでみた。前夜自分が言ふた意思が、良い文章になって悉く書いてある。「良い頭だ」と言ふて、翁は往時を回顧して感嘆した。[5]

幸徳が徹夜で書いた冒頭「草莽の微臣田中正造、誠恐誠煌（ママ）、頓首頓首、謹で奏す・・・」で始まる直訴状を持ち、東京・日比谷交差点の拝観者の群れにまじって時間の到来を待っていた田中正造は、第一六議会の開院式を終えた明治天皇のお召馬車が近づくと「お願いがございます」と飛び出したが、麹町警察署の二人の巡査に直ちに取り押さえられた。

政府と議会に絶望した田中正造が明治天皇に直訴し、鉱毒問題の解決を図ろうとしたのだが、直訴そのものは失敗であった。当時、田中は不敬罪で処罰されるのではないかと思われていたが、麹町警察署に一晩留置されただけで無罪放免となった。しかし、危険をおかして直訴状の代筆を引き受け、日本の公害第一号というべき足尾鉱毒問題について、紙面を通じて田中の弁護にあたった幸徳の姿勢は特筆していいだろう。

足尾鉱毒問題はその後、わが国の労働運動史上、画期的な大事件となる足尾銅山暴動事件に発展するが、しばらくは幸徳秋水を中心に社会主義から日露戦争、そして平民社の時代へと進んでみたい。

日露戦争をめぐって

秋水（以後は幸徳ではなく秋水と表記）は一八九八（明治三一）年から一九〇三（明治三六）年まで、黒岩涙香の『万朝報』で自由民権論の立場からあるいは社会主義の立場から健筆を振るうが、一九〇三（明治三六）年になって日露戦争開戦論が急速に高まった。

日露戦争とは、日本とロシアが朝鮮半島と満州（現・中国東北部）を舞台に戦った戦争だが、この戦いは日清戦争の比ではなく、日本は国をあげてこの困難な戦争に挑んだ。日露戦争の背景には、中国や朝鮮半島の利権をめぐって欧米列強も加わった複雑な構造があったが、朝鮮半島を日本の支配下に、満州をロシアの支配下に置くという日本の提案もまとまらず、結局、国交断絶の末の宣戦布告となったのである。日露戦争開戦論は、新聞界をはじめとする当時の論壇や社会主義路線に大きな影響を及ぼし始めた。すなわち、多くの新聞・雑誌が主戦論に傾く中で、秋水や堺利彦らが非戦論を唱えてきた『万朝報』までも、主戦論に転じたため、秋水と堺らは直ちに『万朝報』を退社、秋水と堺は平民社を設立して、わが国最初の社会主義機関紙ともいうべき週刊『平民新聞』を創刊したのである。

このあたり、二〇世紀初頭の日本社会は、日露戦争が風雲急を告げるなか、社会主義思想の台頭とあいまって社会状勢はにわかにあわただしくなってくる。

塩田庄兵衛『日本社会運動史』、神崎清『実録　幸徳秋水』、山泉進『平民社の時代　非戦の源流』などを参考に少し整理してみる。

一九〇〇（明治三三）年三月

治安警察法が公布・施行される。これは自由民権運動に対する弾圧法規を受け継ぎ、一八九〇（明治二三）年に公布された集会及び政社法（政治結社・政治集会にたいする取締を強化、各政党の連携を禁止）を、さらに労働運動が台頭してきた新しい情勢に対応して再編成した弾圧立法

一九〇三（明治三六）年七月

秋水、『社会主義神髄』（社会主義とは何か、という問いに答えて明治社会主義の理論的礎石を据えた著作）を出版。日露戦争開戦必至の潮流に抗して大絶賛

一九〇三（明治三六）年一〇月

秋水、堺利彦が、非戦論から主戦論に転じた黒岩涙香の『万朝報』退社

一九〇三（明治三六）年一一月
平民社から週刊『平民新聞』発行。日露開戦論に対抗、新しい社会行動の開始とともに社会主義運動の機関紙の役割を担う。『平民新聞』の基本的主張は、「自由」を実現するための「平民主義」、「平等」を実現するための「社会主義」、「博愛」を実現するための「平和主義」
一九〇四（明治三七）年二月
明治天皇の名において、宣戦の詔勅（しょうちょく）下り、日露戦争開始
一九〇四（明治三七）年三月
週刊『平民新聞』、戦争に奉仕する政府と議会攻撃で、新聞紙条例違反で発売禁止処分。発行人兼編集人の堺利彦告発される。

日露戦争の開始に伴って、週刊『平民新聞』は政府に対し、正面から大反対論を掲げた。その一部を引用しよう。

戦争来
戦争は遂に来たれり、平和の攪乱（かくらん）は来れり、罪悪の横行は来たれり、日本の政府は曰く、其責露国政府に在りと、露国の政府は曰く、其責日本政府に在りと、（中略）故に吾人は戦争既に来るの今日以後と雖（いえど）も、吾人の口あり、吾人の筆あり紙有る限りは、戦争反対を絶叫すべし[6]（後略）
（週刊『平民新聞』第一四号、一九〇四年二月一四日）

そして、いよいよ平民社に直接的な弾圧が加えられるのは、以下、秋水執筆の論説「嗚呼増税！」である。

　　嗚呼増税！

　嗚呼「戦争の為め」てふ一語は、有力なる麻酔剤なる哉、唯だ此一語を持って臨まる、聴者も其聴を蔽われ、明者も其明を昧まし、智者も其智を失ひ、勇者も其勇を喪ふに足る、況んや聡明智勇ならざる今の議会政党の如きをや[7]（以下略）　（週刊『平民新聞』第二〇号、一九〇四年三月二七日）

「戦争の為め」という主張一点張りで、議会や政党は骨抜きにされている現状を批判する『平民新聞』の論調に政府はついに直接的に弾圧を加えてきた。この論説に対し、発行兼編集人である堺利彦が、新聞紙条例違反に問われた。

一九〇四（明治三七）年一一月、「共産党宣言」を邦訳掲載した『平民新聞』一周年記念号が即日発売禁止となり、秋水らは起訴、平民社に本部をおく社会主義協会も結社禁止となった。

二〇世紀初頭、日露戦争反対の非戦論を掲げて、『平民新聞』は、社会主義の啓蒙を始めるという歴史的役割もつかの間、弾圧のために廃刊を余儀なくされた。秋水も『平民新聞』の筆禍で一九〇五（明治三八）年二月から七月にかけて入獄した。

　このあと秋水は受難続きの日本を離れ、渡米する。日本の社会主義は一つの転換点を迎えたと言っていいだろう。アメリカでの秋水の活動については、神崎清『実録　幸徳秋水』、神崎清『革命伝説　大逆事件①黒い謀略の渦』に描かれているが、本書では触れずに秋水帰国後の国内情勢から、日刊『平民新聞』発刊の動きや足尾鉱山で発生した坑夫暴動事件について触れていきたい。

『平民新聞』の時代

秋水が帰国したのは一九〇六（明治三九）年七月であった。

アメリカから帰国した秋水は、すぐに動いた。日刊『平民新聞』の構想はすでに、アメリカへ行く前の週刊『平民新聞』の頃から始まっており、前述したように日露戦争反対の非戦論を掲げて闘った週刊『平民新聞』が、弾圧のために廃刊を余儀なくされたことから、帰国後の第一声として打って出た。

日刊『平民新聞』は、一九〇七（明治四〇）年一月一五日から四月一四日まで、全七五冊が刊行された。わずか三ヵ月の発刊かと思われるかもしれないが、秋水や堺利彦、西川光二郎、石川三四郎らに加えて社会主義に関心を持ち始めたばか

1907（明治40）年の頃の『平民新聞』時代
出所：荒畑寒村『新版　寒村自伝』筑摩書房、1965

りの荒畑寒村（本名勝三）らも編集部に加わった。発行母体は平民社としたが、事実上は日本社会党の機関紙としての役割を果たすことになった。創刊号第一面冒頭には秋水が息高く産声の筆をとった。

吾人は明白に吾人の目的を宣言す。平民新聞発刊の目的が、天下に向って社会主義的思想を弘通（引用者注：教えが広まること）するに在ることを宣言す。世界に於ける社会主義的運動を応援するに在ることを宣言す[8]（以下略）

秋水の意気軒昂に比べると、日刊『平民新聞』は財政的にも編集体制的にも極めて厳しい船出であったが、創刊後およそ一ヵ月になるかならないかという時期に、足尾銅山の暴動事件が起きた。足尾銅山にはささやかながら小さな労働組合があり、組織や意識の面では平民社とは直接連絡のできる労働運動があった。前述したように足尾鉱毒問題は自由民権家出身の政治家・田中正造が命をかけて天皇に直訴した、日本の近代史における陰の部分そのものであるが、田中正造と被害地農民の反公害闘争は、弾圧によって手も足も出ない状況に追い込まれていた時に、足尾銅山で坑夫による大暴動が起きたのである。一九〇七（明治四〇）年二月四日のことだった。この暴動の詳細については村上安正『足尾銅山史』、二村一夫『足尾暴動の史的分析』などを参考文献としたが、特にこの鉱山一揆に多くの富山県人が加わった史実を明らかにした『越中の群像』から引用した。

暴動は二月四日午前八時、四つのヤマのうち通洞坑でダイナマイトの炸裂音とともに突発した。坑夫五〇〇～六〇〇人が坑内の電線を切り見張り所を破壊したが、現場に赴いた至誠会（引用者注：鉱山労働者の組織）メンバーの説得で治まった。しかし翌五日、本山坑でも暴動が起き、六日、坑外に出た坑夫一〇〇〇人がダイナマイトの爆発を合図に選鉱場を襲って屋根をはがし、戸柱に火をつけた。鉱業所長宅襲撃で、南挺三所長は土蔵の下に隠れていたのを発見され、頭を痛打、鮮血に染まった。他の役員社宅までも襲い、打ち壊しと火つけを繰り返した。火は全部で約六〇棟を焼く尽くし、警察、消防はなすすべなく、全くの無政府状態に陥った。

足尾銅山暴動　1907（明治40）年2月
出所：幸徳秋水全集編集委員会編『大逆事件アルバム　幸徳秋水とその周辺』明治文献、1972

栃木県知事の要請を受けた政府の出兵決定で、七日現地に到着した高崎一五連隊三個中隊は武力で三〇〇余人の坑夫を逮捕。また至誠会と交流のあった平民新聞の特派記者、西川光二郎も拘引して、一〇日頃ようやく鎮圧した。[9]

以上が『越中の群像』が伝える足尾銅山暴動事件の概要だが、この暴動に加わったため山をクビになった三〇五人のうち富山県人は七五人、次いで石川の二七人、福井・栃木・新潟の各二五人だった。この暴動そのもので「凶徒聚衆罪」に問われた被告は三八人、このうち富山県人は林小太郎ら八人だった。[10]この暴動で日刊『平民新聞』の西川光二郎までもが暴動を教唆したかのように間違われ、拘引されたようだが、『平民新聞』では直ちに第二弾の特派記者を検討、若手の荒畑寒村を汽車で足尾に向かわせた。『寒村自伝』(上)には、このあたりのいきさつを本人が詳しく書いているが、とにかく時間がなく急いでいたので寒村は、編集者の一人である山口孤剣(本名・義三)の洋服を借りて現場に急行した。

現場に着いた寒村は「坑夫の一団が所長宅の庫を開くや、弱き貧しき者より絞り取りし賄賂の酒や食品、反物等が一杯詰まり・・・」[11]と報じたらしいから、平民社と労働者運動の象徴としての坑夫との間には日頃からの連携があり、『平民新聞』ならずとも日本の労働運動史上、画期的な大事件となった。

一方、平民社には、足尾暴動の火元と勘違いした各社の記者が押し寄せたり、二月七日、八日になって本社が家宅捜索を受けるなどてんやわんやだった。秋水は足尾銅山における暴動に対して、軍隊を出動させた事態を念頭におきながら、欧米における「非軍備主義」などを巧みに紹介、さらに従来の日本社会党党則第一条「本党は国法の範囲内に於て社会主義を主張す」を「本党は社会主義の実行を目的とす」に変更したため、堺利彦がこの件で主幹者として呼び出しを受け、また石川三四郎が発行兼編集人として『平民新聞』の記事について新聞紙条例違反で呼び出しを受け、日本社会党は二月二二日、結社禁止処分を受けた。

四月一四日、日刊『平民新聞』は第七五号をもって突然に廃刊することになった。当局の発行禁止処分を受けての廃刊であるが、直接の発行禁止処分は、一九〇七（明治四〇）年三月二七日付け『平民新聞』第五九号に山口孤剣が「父母を蹴れ」と題して、家族主義道徳を攻撃する記事を書いたことについて、編集兼発行人の石川三四郎が軽禁錮六ヵ月、執筆人の山口孤剣が軽禁錮三ヵ月の判決を受けたことによるものだった。

日本社会党の解散と日刊『平民新聞』の廃刊は、再び秋水をはじめとする社会主義者にとって試練の時を与えた。東京の社会主義者が次々に逮捕・投獄されていくのを見て、地方での動きにわずかながら変化が生まれていた。一九〇七（明治四〇）年六月一日、大阪平民社の森近運平が、半月刊の『大阪平民新聞』を発行したが、一一月一五日にこれを『日本平民新聞』と改題、廃刊した日刊『平民新聞』に代わる全国紙をめざした。さらに六月二〇日には熊本の松尾卯一太、新美卯一郎が中心となって月二回の『熊本評論』を発行するという新しい流れも地方青年たちを中心に生まれていた。

しかし、そうは言っても時代は風雲急を告げていた。天皇制国家権力は日本の社会主義者鎮圧のために、無政府主義者の取り締まり強化を図ろうと、司法省行刑局長兼大審院検事・平沼騏一郎をヨーロッパに派遣、偏見と独断に満ちた恐るべき日本近代国家の暗部を作り上げていくことになる。平沼は美作国津山（現・岡山県津山市）の出身、子どもの時から漢文を読み、一三歳の時に頼山陽の『日本外

第一號 1 （明治四十年五月三十日 第三種郵便物認可） THE OSAKA HEIMIN SHIMBUN （毎月二回 一日 十五日） 明治四十年六月一日

大阪平民新聞

第壹號

發刊の辭

吾人は社會主義の見地に立ち、平民階級の解放を要求するの機關として、茲に本紙を發行す。吾人は平民に對する專橫なる貴族の壓制を排斥し、女子に對する暴戾なる男子の束縛を非認し、勞働者に對する貪婪なる資本家の掠奪を拒否す。而して吾人は、平民階級の自覺に依りて、他年一日之等の壓制、束縛、掠奪を一掃し、圓滿、平和なる社會組織の實現すべきを信ず。故に力めて平民階級の自覺を喚起し、其團結を鼓吹し、其運動を援助し、其當然の權利を擁護せんと實に吾人の目的也。

本年一月、吾人の同志が日刊平民新聞を發行して斯主義を宣傳するや、著しく天下の耳目を聳動し、其効果甚だ大なる者ありしも、不幸にして內財政の窮乏と、外酷烈なる迫害の爲に、發行三月に滿たずして倒れ、今や全國數萬の同志は其機關を缺くの不便を忍びつゝあり、微々たる一雜誌固より當るに足らずと雖も、亦全く之無きに優るものあらば聊か以て此缺を補ふの用に供せんと實に吾人の願ひ也。

富豪は生產分配の機關を獨占して多數人類の生活を壓迫し、政府者は投機を煽動し、學者は權力に媚びて侵掠を謳歌し、新聞紙は射倖心を挑發し、人は生存競爭の激烈なるに耐へずして滔々墮落の深淵に沈淪し、卑卒の氣象地を拂ふて復た見る能はざらんとするもの實に現時の狀勢なり。然れども人心の奧底に潛める至善至美の情意に至つては遂に全く之を驅逐するを能はず。見よ、吾人の兄弟姉妹はいたる處既に反抗の氣焰を擧げ、革新の旗幟を翻へしつゝあり。之豈勢極まつて而して變ずるの兆にあらずして何ぞや。吾人は此暗黑界裡に閃く一道の光明を認めて驀直に前進せんことを欲す。

今や日本全國の勞働者は、其窮乏と酷遇に耐へずして、所在起つて地位の上進を計りつゝあり。固より我が勞働者の多數は未だ強固なる團結と長時日の訓練とを有せずして、忽ち無法なる迫害に挫折するに非ずんば、即ち憤怒の極死生を賭して暴擧を敢行するに至るの狀なりと雖も、而も涓流は一日大河となりて大海に入らざるべからず。

[illegible]想の實現に達すべき一[illegible]を發見すべき運命を有す。此氣運を觀取し、此運命に從ひ、其言ふべきを言ひ、行ふべきを行ふもの、實に吾人社會主義者の光榮ある事業にあらずや。

歐米各國に於ける社會主義運動は日に其勢力を加へ、月に其猛烈の度を增し來り、權力階級をして殆んど爲す所を知らざらしむる者あり、加ふるに本年八月を以て獨乙スツットガルトに開かるべき、萬國社會黨大會は將に重大なる消息を吾人の眼前に齎らし來らんとす。眞に內外多事の秋、此時に當り大勢の赴く所に注目し、同志の運動に對して幾分の援助を與へんこと、實に吾人の貴なる義務ならずんば非ず。

吾人は此光榮と責任とを感ずると共に、微弱なる吾人の力能く此大任に耐へざるべきを恐る、唯だ多數同志の深厚なる同情と懇篤なる指導に依りて、所期の萬一を遂ぐるを得ば、幸之に過ぐるものなし。

顧みれば同志の或者は、貧窮に窘れ奮闘に疲れたる羸軀を以て今や縲絏の內にあり、或者は將來の運動に備ふるが爲に艱難と凌辱とを忍べり。嗚呼、道遠く任更に重し奮はざるべけんや。

▲不穩とは何ぞや

勞働者が賃銀の引上げ、待遇の改善を要求せんとして、三々五々額を鳩めて協議を試むるや、警察官吏は直ちに以て「不穩の擧動」となし、首唱者を引致し檢束す。如何に多くの惡法律を有する日本人民と雖も、賃銀の增加を要求すべからずてふ法律を有せざる也。不穩とは即ち權力を濫用して勞働者を壓する者の謂に非ずや。

▲何人の法律？

資本家は法律に據りて勞働者を壓する團結を作れり、彼の重要物產同業組合を見よ、勞働者を壓抑するは其主要なる事業の一にあらずや、商業會議所を見よ、工場法の制定を妨害する一大團體にあらずや。

勞働者は一も此の如きものを有せず、一時の集會も忽ち解散せられ處罰せらる、斯くても尙ほ法律は全國民の所有なりと云ひ得るか。

▲恐ろしきとなし

法律之を保護せず、政府之を敵視し資本家之を虐待す。而かも學者、新聞、君子、探偵は曰ふ「暴行は不可なり、正當なる同盟罷工をなすべし」と。縛つて蹴いて打てば恐しきと無し。

1

『大阪平民新聞』 第１号

出所：労働運動史研究会編『大阪平民新聞　明治社会主義資料集』明治文献資料刊行会、1962

史』を読んだ。戦後、一九五二（昭和二七）年の口述筆記で平沼は「私は一三歳の時、この講義（引用者注：『日本外史』講義）を聞いて、皇室が武家のために蔑ろにされ、ご難儀された事を考えまして、どうしても皇室のために盡さねばならぬと子供ながらに憤慨をしました」[12]と述べている。

国家権力と警察国家に息の根を止められた田中正造を指導者とする足尾鉱毒問題も、その後の抵抗闘争を打ち立てることができず、田中は敗軍の将となった。

最終的に国は渡良瀬川流域の農民を犠牲にし、鉱毒を隠蔽するために渡良瀬川と利根川が合流する地点に存在した人口二七〇〇、四五〇戸の谷中村を遊水池とするために廃村にした。これこそまさに鉱毒問題の治水問題へのすりかえであり、国家権力による地方への暴力であった。

田中正造から谷中村について一書を著すことを懇請された荒畑寒村は、谷中村滅亡の日を次のように書く。

> 明治政府悪政の記念日は来れり、天地の歴史に刻んで、永久に記憶すべき政府暴虐の日は来れり、準備あり組織ある資本家と政府との、共謀的罪悪を埋没せんがために、国法の名に依て公行されし罪悪の日は来れり。あゝ、記憶せよ万邦の民、明治四十年六月二十九日は、これ日本政府が谷中村を滅ぼせし日なるを。[13]

一九〇六（明治三九）年の谷中村強制破壊に始まり、翌年一九〇七（明治四〇）年、最後まで残留していた一六戸に強制執行がなされた。

引用文献

［1］関根哲男「『大逆』と『併合』と奥宮健之と」『大逆事件の真実をあきらかにする会ニュース』第五〇号、二〇一一（平成二三）年一月二四日発行
［2］「大逆事件の真実をあきらかにする会」編『坂本清馬自伝　大逆事件を生きる』新人物往来社、一九七六
［3］一八八五（明治一八）年八月一二日付け『朝野新聞』
［4］東海林吉郎・菅井益郎『通史　足尾鉱毒事件一八七七―一九八四』新曜社、一九八四
［5］木下尚江『木下尚江全集　第一一巻　神・人間・自由』教文館、一九九五
［6］週刊『平民新聞』第一四号、一九〇四年二月一四日　出所：山泉進『平民社の時代　非戦の源流』論創社、二〇〇三
［7］週刊『平民新聞』第二〇号、一九〇四年三月二七日　出所：山泉進『平民社の時代　非戦の源流』論創社、二〇〇三
［8］荒畑寒村『最新　寒村自伝』上巻、筑摩書房、一九六五
［9］富山新聞社『越中の群像』桂書房、一九八四
［10］富山新聞社『越中の群像』桂書房、一九八四
［11］富山新聞社『越中の群像』桂書房、一九八四
［12］平沼騏一郎「祖国への遺言」『改造』一九五三年五月号、改造社
［13］荒畑寒村『谷中村滅亡史』岩波書店、一九九九

参考文献

（1）幸徳秋水全集編集委員会編『大逆事件アルバム　幸徳秋水とその周辺』明治文献、一九七二
（2）向井嘉之『イタイイタイ病との闘い　原告小松みよ』能登印刷出版部、二〇一八
（3）向井嘉之『イタイイタイ病と戦争　戦後七五年忘れてはならぬこと』能登印刷出版部、二〇二〇
（4）絲屋寿雄『管野すが―平民社の婦人革命家像』岩波書店、一九七〇

(5) 塩田庄兵衛『日本社会運動史』岩波書店、一九八二
(6) 神崎清『実録　幸徳秋水』読売新聞社、一九七一
(7) 山泉進『平民社の時代　非戦の源流』論創社、二〇〇三
(8) 神崎清『革命伝説　大逆事件①黒い謀略の渦』子どもの未来社、二〇一〇
(9) 村上安正『足尾銅山史』随想舎、二〇〇六
(10) 二村一夫『足尾暴動の史的分析』東京大学出版会、一九八八
(11) 平沼騏一郎回顧録編纂委員会『平沼騏一郎回顧録』一九五五
(12) 渡良瀬川研究会編『田中正造と足尾鉱毒事件研究』一九七九年二月号、伝統と現代社

その二　歴史の中の地方ジャーナリズム『牟婁新報』

異彩を放った地方新聞

　かつて明治維新以後の近代に地方における民衆言論を重ね合わせ、地方ジャーナリズムの端緒を学びはじめた時に、富山では米騒動や神岡鉱山に象徴されるいくつかの事件が歴史の地平によみがえってきた。もちろんそれらの事件は、民衆の声を受けた地方新聞の記事から始まっていた。例えば、米騒動について言えば、『中越新聞』なり、『富山日報』なり、『高岡新報』なりの地方新聞の記事から明治の米騒動の水脈を辿ることを始めた。激動の予感は地方にあった。この時に調査した地方新聞の中でひときわ異彩を放って記憶に残ったのが和歌山県田辺町（現・田辺市）で一九〇〇（明治三三）年に創刊されたという『牟婁新報』の記憶である。田辺町は紀伊半島南西部の田辺湾に面した小さな町で、人口は『田辺市史』によれば、一八九六（明治二九）年は七六一八人、一九〇

現在の田辺湾　2024年12月1日　向井嘉之撮影

二（明治三五）年は六七四〇人[1]となっている。

「牟婁（むろ）」とは現在の三重県南部から和歌山県南東部の地に相当する。このうち東牟婁郡、西牟婁郡は和歌山県で、南牟婁郡と北牟婁郡は三重県になる。四郡を合わせたおおまかな地図を掲載したが、そもそも「牟婁」という地名には「籠（こも）る」「隠（かく）る」「神々の室」という由来があるようで、緑豊かな山林の中に籠った地ととらえればいいのであろうか。

二〇二三（令和五）年一一月、晩秋から初冬を迎える頃に筆者（向井）は、富山から高山線、紀勢線を乗り継いで熊野の地に入った。熊野三千六百峰を潜り抜けるようにトンネルまたトンネルを過ぎると、かつては陸の孤島と称された熊野の地に到着する。熊野は海の幸から開け、交通の要衝となった新宮や田辺がその中心である。

最近、現地では「熊野学」ということばが生まれているそうだが、上記東西南北の牟婁郡あたりが「熊野学」の対象になるのであろうか。筆者の住む富山県にも「熊野」というところがあるが、「熊」という字は由来が「隈」、すなわち「奥まった所」を意味する地名ともいわれ、さらに深く調べていくと、「隈」は国家の中心地から遠い辺境の地と解された所と推察もできる。

いずれにしても『牟婁新報』が創立された頃の田辺というのは、西牟婁郡時代の田辺町で、田辺町

和歌山県・三重県の牟婁郡の範囲　「牟婁郡」

は一九四二（昭和一七）年五月二〇日に市政施行で田辺市となった。地理的にみるとややこしい感じがするが、現在は熊野川をまんなかにすれば、熊野川の東が南北の二牟婁郡で三重県、西の東西二牟婁郡が和歌山県といったほうがわかりやすい。

　ただ、和歌山県そのものは、地理的に紀北と紀南の北と南に大別され、風土的にも大きな違いがある。なお、参考までに新宮は田辺より一足早く一九三三（昭和八）年に市制が施行されている。

　ところで、一九一三（大正二）年の大晦日をこの和歌山県田辺町で迎えた民俗学者の柳田国男が、帰

熊野灘　2024年12月1日　　向井嘉之撮影

熊野川　2023年11月30日、新宮市側から　　向井嘉之撮影

京後すぐに書いた「熊野路の現状」によれば、「南へ下れば県首府の勢力が次第に弱くなるものか、町に独立して新聞がある。田辺に行けば二つ、新宮になると四つも新聞を出して居る[2]」と書いている。柳田が田辺で二紙と言ったのは『牟婁新報』と『紀伊新報』を指したらしいが、確かにいかに各地で新聞勃興の時代といえども、明治時代には田辺だけでもさらに多くの地方紙があったらしい。しかし、その数多くの田辺地方紙の中で、歴史の変遷において高い評価を得ているのが『牟婁新報』で、『牟婁新報』自体、現在は発刊されていないが、田辺市には『紀伊民報』という地方に根づいた有力紙が今も発刊を続けている。

『牟婁新報』の歴史的価値があらためて見直されたのは、のちに昭和三〇年代に入ってからのことになるが、一九〇〇（明治三三）年四月から大正の終わり頃まで二〇余年間にわたって、田辺で発行されていた『牟婁新報』が多少の欠号はあるにせよ、まとまって発見されたからである。この膨大な資料を『初期社会主義資料　牟婁新報抄録』としてまとめた関山直太郎は「牟婁新報は、かつて和歌山県の片隅、田辺町で発行された一地方紙である。しかし同紙の名が今日記憶されているのは、一田舎新聞としてではなく、ある時期の日本の社会主義運動に多少の寄与をし、運動史上忘れてならない存在だったからである。同紙が何らかの意味で、とにかく社会主義と関係あるものとして、世に送られてきたのは早く明治三七～三八年頃からであり、その前後数年が同紙の社会主義的色調の一番濃い時代であった[3]」と、力を込めて紹介する。

『牟婁新報』発刊のいきさつについては後述するとして、『牟婁新報』の歴史的価値を高めることになったのは、一九〇四（明治三七）年～一九〇五（明治三八）年頃、同紙の社会主義的色調の一番濃い時代

明治三十三年四月二十二日　牟婁新報　第一號

牟婁新報

社説

牟婁新報發刊の辭

田邊近況

社告

此度牟婁新報發刊に付き本日其第一號を贈呈致し候に付き引き續き購讀の榮を得度萬一御不用に候はゞ甚だ御面倒ながら便宜御一報を煩はし度此段乍畧儀紙上を以て申上候也

牟婁新報社　會計部

當社は牟婁新報發行の傍ら汎く印刷業相營み候に付き大小とも御注文被降度此段謹告候也

同　印刷部

『牟婁新報』　1900（明治33）年4月22日　創刊号　　田辺市立図書館所蔵

に同紙の記者として同紙を支えたのが、第二章その一で述べた、当時、若手の社会主義青年だった荒畑寒村や、のちに「大逆事件」の中心人物として死刑になる管野須賀子（スガ・『牟婁新報』では「幽月」の号で活躍）であったことが判明したからである。加えて「大逆事件」に連座して死刑となる新宮在住だった大石誠之助や本宮町（現・田辺市本宮町）出身の成石平四郎らも同紙によく寄稿していた事実もあった。特に大石は一九〇五（明治三八）年から『牟婁新報』に度々寄稿しているが、『大石誠之助全集』を編纂した森長英三郎は「新宮のことを批評することにより、全国のことを批評し、全人類の問題を論じているところに大石の特徴がある」[4]と述べている。

　ではそもそも当時、社会主義者としての道を歩み出した荒畑寒村や管野須賀子がどのような経路で『牟婁新報』記者になったのか、『牟婁新報』の創立者・毛利柴庵（本名・清雅）に触れないわけにはいかない。柴庵は一八七一（明治四）年、田辺町の隣町・新宮町で毛利義規の子として生誕、

牟婁新報社（田辺上屋敷町）1921（大正10年）頃撮影　出所：佐藤任『毛利柴庵　ある社会主義　仏教者の半生』山喜房仏書林、1978

かつて牟婁新報社があった上屋敷町周辺の現在の様子
2023年12月1日　向井嘉之撮影

父が早く亡くなったため一時、母の成石姓を名乗ったが、母の死後、同じ新宮の遍照院（へんしょういん）住職・毛利義敬の養子となった。

一八八四（明治一七）年、田辺町高山寺（こうざんじ）で得度、高野山中学、同学林に学び、卒業後上京して東京日々（にちにち）新聞社に入社したが、再び高野山大学林（筆者注：大学林とは明治時代の仏教僧侶の最高教育機関）に学んだあと、高山寺住職となった。一九〇〇（明治三三）年、柴庵は田辺町の有志の後援を得て、牟婁新報社を創立、社主と主筆を兼ねた。柴庵は一九〇〇（明治三三）年四月一四日に『牟婁新報』第一号を出したが、高山寺の寺務をみながら上京、東京では、木下尚江、堺利彦などとの交わりを深めるとともに、足尾鉱毒問題等の演説にも加わるなど[5]をしながら、『牟婁新報』に社会主義的な論調の論説を発表するなどして一地方紙を超えた存在感を高めていったのである。

毛利柴庵（田辺町助役時代）出所：佐藤任『毛利柴庵　ある社会主義　仏教者の半生』山喜房仏書林、1978

高山寺（和歌山県田辺市稲成町糸田）　2023年12月　向井嘉之撮影

寒村と須賀子

前述したように、折しも社会主義の啓蒙を始めるという歴史的役割を担っていた『平民新聞』は、日露戦争反対の非戦論を掲げ、共産党宣言を邦訳掲載するなどしていたために、政府からの弾圧を受け、廃刊を余儀なくされていた。平民社落城後の日本の社会主義運動史に貴重な一ページを演じ始めたのが、田辺の一地方紙『牟婁新報』だった。平民社解散を受け、堺の紹介状をもって柴庵の『牟婁新報』記者となるために旅だったのがまず荒畑寒村だった。一九〇五（明治三八）年一〇月、寒村が若干一九歳の時である。当時の田辺の地を寒村は次のように記している。

牟婁新報社時代の荒畑寒村
出所：田辺市史編纂委員会『田辺市史　第三巻　通史編Ⅲ』田辺市、2004

鉄柵がめぐらされていた田辺裁判所（大正時代に撮影）
出所：『田辺・西牟婁今昔写真帖』郷土出版社、2004

田辺も今でこそ市制がしかれているが、当時は死んだように寂しい田舎町で、対岸の白浜温泉が関西の熱海といわれるようになったのは第一次世界大戦以後のことだ。海浜から秋津川まで、一本道の町のおもな建物は和歌山監獄の分監と、郡役所と、町役場と、警察署と、小学校で、中学校はあったかどうか。呉服屋、雑誌屋、旅人宿、理髪店、うどん屋、毀（こわ）れかかった芝居小屋の外、めぼしい商店とても少なかったが、それでも芸妓屋があったから不思議だ。散策の場所といっては、扇ヶ浜（おうぎがはま）の松林、源平盛衰記にある闘鶏神社、金鶏（きんけい）伝説（引用者注：黄金の鶏が地下に埋まっているという伝説）を有する奇絶峡（きぜつきょう）、秋津川を隔てた山上の高山寺。その寺の石段の下に毛利氏の住む観流亭があり、わたしは老僧と小坊主の二人きりの寺へときどき遊びに行って、よく餅の馳走になった。私の特に珍しく感じたのは、土塀をめぐらした家の多いことと、どの家の庭にも大抵は夏（なつ）

松林が続くかつての扇ヶ浜（昭和30年代）
出所：『田辺・西牟婁今昔写真帖』郷土出版社、2004

現在の扇ヶ浜　2023年12月1日　向井嘉之撮影

蜜柑の木が植っていて、黄色な大きな果が累々と実っていることであった。[6]

寒村は退屈な町の散策中に菌類学者として有名な南方熊楠に会ったことも書いているが、なにしろ当時は、南方熊楠についての知識は全くなく、『牟婁新報』の紙上に熊楠を紹介できなかったことを残念がっている（熊楠は和歌山県出身で博物学の巨星、研究の対象は粘菌をはじめとした生物学で、生涯在野の学者に徹し、一九〇四・明治三七年より田辺に移り住んだ）。

ここでエコロジー思想を提唱し世界を駆け抜けた科学者、南方熊楠に触れておきたいが、閑静な旧武家屋敷、田辺市中屋敷町の一角に熊楠の旧邸があり、その隣に二〇〇六（平成一八）年、南方熊楠の研究・情報発信の拠点、南方熊楠顕彰館が開館した。筆者（向井）は二〇二三（令和五）年一二月一日に初めて顕彰館を訪ねたが、南方邸に残されていた二万五千点以上の膨大な資料を収蔵、展示のほかに随時、講演会などが企画され、熊楠研究のメッカになっている。荒畑寒村は『牟婁新報』時代に熊楠の研究や主張を紙面で取り上げなかったことを悔いているが、熊楠は特に一九〇八（明治四一）年、「糸田の猿神社」（筆者注：田辺市稲成町・高山寺の南麓にあった糸田の日吉神社のことで、神社合祀反対運動の端緒となった）が合祀されたことをきっかけに、神社合祀反対運動に力を入れ、『牟婁新報』を主な寄

南方熊楠顕彰館（向かって右）と熊楠邸（和歌山県田辺市中屋敷町）
2023年12月1日　向井嘉之撮影

稿先として論陣を張っていった。

『牟婁新報』により、神社合祀反対運動に限らず、広く環境問題、社会問題について発言した熊楠と、『牟婁新報』を支えた柴庵との言論を通じての交流は後世に貴重な思想・文化交流の集積を残した。

話は寒村に戻る。地方紙の雄として異彩を放つ『牟婁新報』ではあるが、地方ネタは多くないだけに、大阪と東京の新聞から重要な記事を抜粋して紙面を作るのも仕事の一つだった。あとは寒村にとってやや退屈な日々だったらしいが、その寂しい町に新しく女性記者が出現する。管野須賀子

毛利柴庵（向かって左）と南方熊楠（右）　1935年撮影
南方熊楠顕彰館（田辺市）所蔵

南方熊楠と牟婁新報社工員
南方熊楠顕彰館（田辺市）所蔵

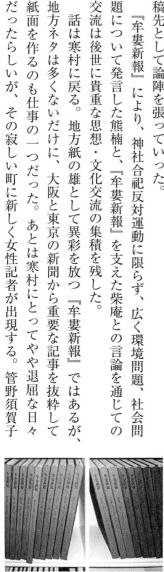

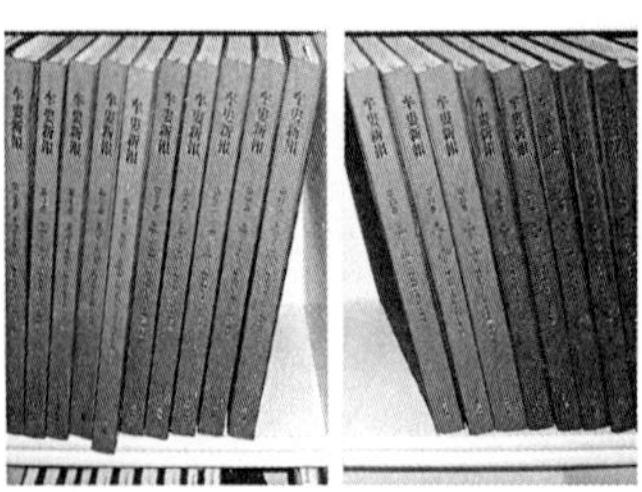
『牟婁新報』復刻版　不二出版発行
南方熊楠顕彰館（田辺市）所蔵

である。

　管野須賀子を紹介する前に、いくら社会主義運動に熱心な主筆である柴庵が率いる新聞社であるとはいえ、田辺の一地方新聞に荒畑寒村や管野須賀子といった新進気鋭の社会主義者が記者として赴任してきたことに大いなる関心を抱かざるを得ない。佐藤任（さとうたもつ）による『毛利柴庵　ある社会主義　仏教者の半生』を細読すると、「（柴庵は）仏教者として田辺の高山寺住職を拝命しながら弱年より社会主義思想に身をおき、近代日本の社会主義活動の歴史に名をとどめるほとんどの社会主義者と交友があり、かれらの思想的実践的影響を深く受けている。だから柴庵が主筆として論陣を張った牟婁新報社は、平民社落城後、わが国における社会主義活動のほとんど唯一の言論の牙城」[7]とある。その一例として前述したのが一九〇一（明治三四）年、再び東京に遊学した柴庵が、当時、日本の社会をゆりうごかしていた足尾鉱毒事件への関わりだった。柴庵はこの年の年末、大勢の学生にまじって、大挙視察隊に加わって洪水被害地に出かけた。東京にあって、柴庵は田中正造が一身を擲（なげう）って直訴に及んだことに感銘した。被害地の実情を視察した柴庵は絶叫する。「予の見たる火事と鉱毒」として柴庵は叫ぶ。「そこには差し迫りて、着るに衣なきあり、喰うに食なきあり、而うして三〇万の生民は現に鉱毒の火炎に包まれて阿鼻叫喚（あびきょうかん）の地獄に喚（わめ）きつつあるなり。世にして真に真摯なる同情あらば、何事をか能く罵（のの）しるの暇あらん。唯黙して走って救う可きの時にあらざるか」[8]。

　このように足尾鉱毒事件だけを取り上げても社会の矛盾に対する柴庵の立ち向かい方は尋常でない。後に『牟婁新報』でも田中正造の鉱毒問題への取り組みや谷中村の滅亡について筆を起こし、栃木県当局の処置を非難するなど全国紙顔負けの一大キャンペーンを張った。

特に日露戦争後、「平民社」が落城した後は一気に『牟婁新報』での社会主義の言動が盛んになったので、『牟婁新報』に対する外圧がますます激しくなった。これまで中央で加えられていた社会主義者への弾圧策は地方へ飛び火し、柴庵の『牟婁新報』はその標的となった。

この頃、『牟婁新報』は創立以来の危機に見舞われた。すなわち当時全国にも珍しい廃娼県だった和歌山県が、公娼制を実施しようとしたのに対して、柴庵が猛然と反対したことなどから、知事・清棲家教伯爵に対する柴庵の官吏侮辱罪、『牟婁新報』の新聞紙条例違反事件が起き、社内の主力だった小田野声や豊田孤寒が退社するに及んで、社の活動は社会主義への積極性を失い始めたばかりでなく、社長の柴庵が官吏侮辱罪で入獄へと、大波乱となっていた。

荒畑寒村が『牟婁新報』に入社したのはこの頃であった。おそらく柴庵が、東京の堺利彦の紹介によって、数え年わずか一九歳の寒村の入社に至ったと思われるが、このあと管野須賀子の入社によって『牟婁新報』は再び社会主義新聞の活気を取り戻した。少し横道にそれるが、前述したように、この時代、田辺の隣町・新宮では大石誠之助が京都同志社、アメリカのオレゴン州立大学医学部に学び帰国、一八九六(明治二九)年に新宮で医院を開業、一方で「平民倶楽部」を設けて熊野地方の文化運動の中心となった。

大石は中央の週刊『平民新聞』や隣町の『牟婁新報』に寄稿し、大石のもとには高木顕明、峯尾節堂、成石平四郎、崎久保誓一らが集っていたというから、田辺と新宮は隣町同士で次第に気脈を通じる社会主義の流れがひろがっていたのであろう。[9] 新宮の動きや大石誠之助の言論などについては、「大逆事件」との関連で後述する。

ここでようやく一九〇六（明治三九）年、『牟婁新報』に入社した管野須賀子に移る。須賀子は一九〇六（明治三九）年二月二日、京都を出てその夕に大阪から船に乗り、船酔に悩まされながら田辺に着いた。『牟婁新報』二月六日号に早速須賀子の「入社の辞」が掲載されると、これを読んだ堺利彦がすかさず一文を寄せた。

管野須賀子君の入社に寄せて（明治三九年二月一五日　第五六一号）　堺　利彦

二月六日の牟婁新報が今着いた。あけて見ると管野須賀子君入社の事が報ぜられて居る。僕は実に嬉しく感じた。昨年柴庵君から婦人記者を一人世話して呉れと頼まれた時、僕が彼是（かれこれ）考えた末、ツイ思ひついて柴庵君に紹介したのが即ち須賀子君であった。僕は須賀子君と僅かに二回相見たのみであるが、それでも多少の友情が其間に生じた事を感じて居る。僕は須賀子君に云ったことがある。「僕が君に田辺行を勧めるのは、只一個の新聞記者の椅子を周旋（あっせん）しようという丈では無い。只何程かの月給の口を世話しようと云う丈では無い。僕は実に柴庵君という先輩（若しくは友人）を君に紹介して、柴庵君の誘掖（ゆうえき）（引用者注：導き助けること）の下に、君の才徳が如

『牟婁新報』の記者をしていた頃の管野須賀子
出所：幸徳秋水全集編集委員会編『大逆事件アルバム　幸徳秋水とその周辺』明治文献、1972

何に発揮せらるるかを見ようと思ふのだ」と。そんな風に思うて居たのだから、須賀子君の今度の入社は、僕に取って実に愉快で堪らぬ。況んや牟婁新報社には、元の平民社の腕白なる荒畑寒村君も行って居る。僕も是非一度遊びに出かけて、懐かしき諸君の間にまじって、暫く編集局を賑はしてみたい心地がする。暖かにでもなったら、どうかしてそんな機会を作りたいものだ。さようなら![10]。

須賀子の田辺滞在は最初から柴庵の入獄中という期限つきのものだったという説があるが、しかし田辺での寒村との出会いは二人にとっても、『牟婁新報』にとっても歴史的な意味を持つことになった。とにかく柴庵の留守中は、寒村、須賀子（紙面では幽月のペンネーム）二人で紙面を埋めるのに必死だったらしい。どのような記事が多かったのか、『初期社会主義資料　牟婁新報抄録』をまとめた関山直太郎の分析によると、「寒村の論説の多くは、社会主義の立場を基調とし、またその宣伝を目的としたものであるが、時事問題、地方問題、ことに排娼問題が多かった。一方、須賀子（幽月）のものには身辺感想類が多く、若干の時事問題、地方問題を除けば、論説といったほどのものはない。彼女は文中しばしば、自分が社会主義者であることを述べ、また社会主義的理想を語っているが、社会主義そのものについては殆んど全く説いていない。彼女は当時クリスチャンであったが、その書いたものには、異常に情熱的な、ただし幾分エクセントリックなものが感ぜられる。社会主義的というよりも、むしろアナーキスチックともいうべき芽が、当時から見られ、後年の姿を暗示するかの如くである」[11]とのことで、二人とも紙上活動に追われ、市民と社会主義を語り合うような時間的余裕はなかったようだ。

須賀子が『牟婁新報』に入社して二ヵ月余りというのに、大問題が発生した。前年の一〇月、先に『牟婁新報』に入社していた寒村がわずか半年で、突然の退社を申し出たのだ。

須賀子より年下とはいえ、二人三脚で『牟婁新報』を支えている須賀子にとっては、大変な衝撃であった。寒村自身はこの退社理由について『寒村自伝』には詳しく書いていないが、日根輝巳『和歌山県新聞史』や関口すみ子『管野スガ再考』を読むと、寒村が投書や噂話など虚実とりまぜたスキャンダル的な紙面にやや幻滅しつつあったこともあるが、何よりも当時、和歌山県議会の建議を受けて、和歌山県知事・清棲家教が、公娼設置を許可したことに絶望したのが主な理由のようである。この許可はすでに大審院が娼妓の自由廃業を認める判決を下した後で、群馬県と並んで公娼のない県である和歌山県で公娼設置を許可したものである。

背景には軍隊の要求などもあり、木下尚江が『毎日新聞』で警告したり、新宮でも高木顕明や沖野岩三郎を先頭に鋭い反対運動が起きていた。[12] もちろん『牟婁新報』では、このあとほぼ一ヵ月にわたって猛烈な抗議を展開、寒村、須賀子ともに弾劾の記事を掲載してきた（寒村「置娼は罪悪なり」一九〇六・明治三九年一月九日第五四九号、寒村「置娼問題と婦人」一九〇六・明治三九年一月一二日第五五〇号）[13]が、寒村は「公娼制度を認めるような知事のいる県」に絶望感を抱いたらしい。もちろん大石も「排娼論」を『牟婁新報』の一九〇六（明治三九）年二月三日〜二月二一日まで寄稿し、建議書への反駁や「公娼が社会に流す害毒」を明解に指摘した。[14]

一九〇六（明治三九）年四月一二日の『牟婁新報』第五七九号に寒村の「退社の辞」が掲載されたが、前述したように和歌山県知事・清棲家教が公娼設置を許可したことに絶望したのが主な理由のようで、

「僕は此の和歌山県に住むことを欲せざるなり」と切り捨てた。寒村の退社に須賀子の落胆は大きかった。須賀子（幽月）は、直ちに紙面に寒村へのはなむけの言葉を書いた。

寒村君に（明治三九年四月一二日　第五七九号）　幽月女

我が寒村君が不意の退社!!

日は浅き二ヶ月半とは云え。

姉よ弟よと睦（むつ）みし隔てぬ交りの、あはれや今や、君を運ぶ船の煙と共に、霞と消え、夢の名残りにならんとするを、など胸安からんや。熱き涙なからんや。

されど。退社の辞に至り盡せる其理由を、強て破りて止めんと思ふ程、妾（引用者注：婦人が自分をへりくだる意で使われている）の愛は浅からず、殊に君が性質を、よつく〳〵（ママ）知り居る妾は。只君を送るに際し、主義の為め健在なれの一語を、涙の底より肺肝より、はなむけとして贈らんのみ。[15]

寒村が田辺を去り、やがて筆禍事件で一ヵ月半の刑に処せられていた社長の柴庵が出獄の日を迎えるに至った。田辺滞在は最初から柴庵の入獄中という期限つきと思っていた須賀子はこのあとの紙面作りに不安を感じ、五月二九日に田辺を去っている。しかし、須賀子にとっては編集長代理のような立場で、新聞の編集には苦しみながらも、「単に気候ばかりでなく、接する人毎に春のような暖か味ある田辺[16]」に喜びを感じていたようだ。

その後の寒村と須賀子に一言だけ触れておく。五月に『牟婁新報』を退社し須賀子は京都に移り住むが、ここへ寒村が訪ねてきて同居、二人は結婚の約束をする。二人は上京し、須賀子は東京での「社会主義婦人会」の一員となり、翌年一月に創刊された日刊『平民新聞』の運動に参加することになる。

確かに一時期、荒畑寒村や管野須賀子を擁し、社会主義的色彩が強かったことや南方熊楠の神社合祀反対運動を全面的に支援していたことで知られる『牟婁新報』は地方にあって、まさに国家に遠い辺境の地から終始反権力の立場に立ち、平等・非戦・平和を主張してきたことは高く評価したい。

二〇二三（令和五）年師走初日、田辺の象徴であり、「弘法さん」で親しまれる高山寺を訪れた。この地にしてはやや肌寒い日ではあったが、そばを流れる会津川から見上げる高台にある高山寺の豊かな森には凛（りん）とした空気が漂っている。境内を歩くと江戸時代建立の美しい多宝塔がひときわ目を引く。表敬訪問をお許しいただいた高山寺二〇代目住職、曽我部大剛（そがべだいごう）さんにお会いすることができた。「柴庵先生は、お寺を通じてのみならず、広く社会に主張を訴えるために『牟婁新報』という言論機関をお始めになったのだと思います。そうした進取の気性がこの地に多くの人を招くことにもなり、熊楠さんとの交流をはじめとして

高山寺多宝塔　2023年12月　　向井嘉之撮影

地方から世界への視野を拓いていくことにつながっていったのではないでしょうか」と柴庵への尊敬を語っていただいた。曽我部住職は以前、「南方熊楠顕彰館」の館長も兼務されたことがあり、自然環境への関心や熊楠への造詣も深く、高山寺ご住職のお立場とともに、紀南における文化と思想の新鮮な未来を展望しておられると感じた。高山寺近辺は確かに初冬の風に変わっていたが、握手をさせていただいた曽我部住職の手には紀南の暖かみがこもっていた。

引用文献

［1］田辺市史編纂委員会『田辺市史　第三巻　通史編Ⅲ』田辺市、二〇〇四
［2］柳田国男「熊野路の現状」『定本柳田国男集』第二巻、
［3］関山直太郎『初期社会主義資料　牟婁新報抄録』吉川弘文館、一九八三
［4］森長英三郎・仲原清編『大石誠之助全集』第一巻、弘隆社、一九八二
［5］絲屋寿雄『管野すが―平民社の婦人革命家像』岩波書店、一九七〇
［6］荒畑寒村『最新　寒村自伝』上巻、筑摩書房、一九六五
［7］佐藤任『毛利柴庵　ある社会主義　仏教者の半生』山喜房仏書林、一九七八
［8］佐藤任『毛利柴庵　ある社会主義　仏教者の半生』山喜房仏書林、一九七八
［9］幸徳秋水全集編集委員会編『大逆事件アルバム　幸徳秋水とその周辺』明治文献、一九七二
［10］関山直太郎『初期社会主義資料　牟婁新報抄録』吉川弘文館、一九八三
［11］関山直太郎『初期社会主義資料　牟婁新報抄録』吉川弘文館、一九八三
［12］関口すみ子『管野スガ再考　婦人矯風会から大逆事件へ』白澤社、二〇一四

[13]　関山直太郎『『初期社会主義資料　牟婁新報抄録』吉川弘文館、一九八三
[14]　辻本雄一「禄亭大石誠之助の視た日露戦中、戦後の熊野新宮の諸相」熊野地方史研究会『熊野誌』第五四号、一九九六
[15]　関山直太郎『『初期社会主義資料　牟婁新報抄録』吉川弘文館、一九八三
[16]　田辺市史編纂委員会『田辺市史　第三巻　通史編Ⅲ』田辺市、二〇〇四

参考文献

(1)　門奈直樹『民衆ジャーナリズムの歴史　自由民権から占領下沖縄まで』三一書房、一九八三
(2)　熊野地方史研究会『熊野誌』第四二号、一九九六
(3)　田辺市史編纂委員会『田辺市史　第三巻　通史編Ⅲ』田辺市、二〇〇四
(4)　日根輝己『和歌山県新聞史』和歌山県地方新聞協会、一九八六
(5)　絲屋寿雄『管野すが―平民社の婦人革命家像』岩波書店、一九七〇
(6)　関山直太郎『『初期社会主義資料　牟婁新報抄録』吉川弘文館、一九八三
(7)　管野須賀子研究会『管野須賀子と大逆事件』せせらぎ出版、二〇一六
(8)　熊野地方史研究会『熊野誌』第五四号、一九九六
(9)　熊野地方史研究会『熊野誌』第五八号、二〇一一
(10)　「大逆事件」の犠牲者を顕彰する会『九〇年を経て』、二〇〇一
(11)　新宮市史編纂委員会『新宮市史』新宮市、一九七二
(12)　荒畑寒村『新版　寒村自伝』上巻、筑摩書房、一九七五
(13)　荒畑寒村『新版　寒村自伝』下巻、筑摩書房、一九七五

その三　歴史の闇にとじこめられた「大逆事件」の真相

「大逆事件」への種（たね）

「大逆事件は、日本の歴史の書かれざる白ページである。政府は、裁判の公開を禁止したばかりでなく、一切の記録に天皇制の封印をほどこして、闇から闇へほおむり去った[1]」。沈黙を強いられていた「大逆事件」の真相を、戦後いちはやく明らかにした神崎清の言葉だ。

一九一一（明治四四）年一月一八日は、日本の戦慄（せんりつ）の日になった。「大逆事件」判決のその日、大審院特別法廷の公判が開かれ、鶴丈一郎（つるじょういちろう）裁判長は、起訴された二六人の被告のうち、有期刑とした二人以外の二四人に死刑を宣告した。

明治天皇の恩命に基づき、その半数は死一等を減じられたが、あとの一二人は、この判決の一週間後には死刑が執行された（正式には、一週間後の一月二四日に一一人の死刑執行、管野須賀子は一日遅れて一月二五日に死刑執行）。いずれも「天皇、太皇太后、皇太后、皇后、皇太子又は皇太孫に対し危害を加え又は加えんとしたるものは死刑に処す」という、刑法第七三条、いわゆる大逆罪による判決であった。

「大逆事件」とは一体何であったのか、事実を確認しながら進むにはあまりに長い年月が過ぎた。一二人の死刑執行からすでに一〇〇年の時を経過し、今は、残された貴重な文献の記録を一字づつ読み進むしかない。もちろん、第一章で記述した「泊・横浜事件」とて現場を知る人はなく、蹂躙された言論の自由を忘れまいと語り続けるしかないのだ。

　さて、およそ四〇年にわたり、地下深く閉じ込められていた「大逆事件」が世に出たのには、多くの人の必死の努力があるが、筆者としてはまず冒頭にあげた神崎清の『大逆事件記録』に敬意を表したい。神崎は一九五〇（昭和二五）年五月に著した『大逆事件記録第一巻　獄中手記』の中で、新宮教会時代に大石誠之助（「大逆事件」で刑死）と親交のあった牧師の沖野岩三郎に事件の道筋を教えてもらったことや「大逆事件被告の獄中文献」が一九四七（昭和二二）年七月に神崎にもたらされたことに深甚の感謝を述べながら日本の「歴史の立入禁止地帯」（引用者注：神崎清の言葉）に踏み込んでいった。『大逆事件記録第二巻　証拠物写』と『大逆事件記録第三巻　証拠物写』は、まさに生々しい事件の証拠そのものである。なお、本書では、一九五〇（昭和二五）年五月発行の『大逆事件記録第一巻　獄中手記』に、成石勘三郎の獄中手記「回顧所感」とその解説が新しく添加された『大逆事件記録　第一巻　新編獄中手記』を基本文献として使用した。

　『大逆事件記録』を基本文献の冒頭にあげたが、太平洋戦争終戦の翌年、「大逆事件」の裁判記録を見た渡辺順三は、それをもとに『幸徳事件の全貌』を一九四七（昭和二二）年に出版、さらに新しい資料を加えて一九五五（昭和三〇）年、『十二人の死刑囚―大逆事件の人々―』を著した。渡辺は一八九四（明治二七）年、富山市の生まれでプロレタリア短歌運動の推進者として活躍、石川啄木の伝統を受け継ぐ民主的短歌運動に努力していたので、そういった関係の文学者との出会いから「大逆事件」の資料を目にすることがあったのではないかと推察する。もう一冊、基本文献としてあげておきたいのは宮武外骨の『幸徳一派　大逆事件顛末』である。宮武外骨の資料収集力は著しく、戦前の「大逆事件」関連の新聞資料が全く乏しいなか、当時の『法律新聞』などを駆使して、戦後最も早く、一九四六（昭和二一）年に『幸徳一派　大逆事件顛末』を出版した。

筆者としてはまずこの三人の著作物を基本文献として、せめて「大逆事件」の概要だけでも真相に近づけたらと願う。もちろん、これら基本文献以外にも、数多くの秀れた文献があるが、それらは時に応じて紹介することにして、まずは戦後になっていろいろな資料の登場により、次第にその真相が明らかになった「大逆事件」のきっかけとされる「赤旗事件」から簡単に触れていく。

第二章その一では、日本社会党の解散、相次ぐ新聞紙条例違反による入獄に続く、日刊『平民新聞』の廃刊と、厳寒の時代を迎えた社会主義運動について記述した。その後、一九〇八（明治四一）年になって、廃刊の日刊『平民新聞』の後継をめざした森近運平の『日本平民新聞』も二三号で弾圧をうけ廃刊、長野出身の新村忠雄らが『東北評論』発刊をめざしたが、これもたちまち発禁、大阪発の『日本平民新聞』を全国紙にした大阪平民社も解散の憂き目にあった。

秋水は病気療養ため、一旦故郷の高知県中村町（現・高知県四万十市）に帰郷していたが、弾圧への突破口を開く手立てもない頃に起きたのが「赤旗事件」であった。

「赤旗事件」はこのあと「大逆事件」に密接に関係してくるので少し詳しく書きたいが、そもそも事が起きたのは一九〇八（明治四一）年六月二二日、東京神田の錦輝館で社会主義者・山口孤剣の出獄歓迎会が開かれたことから始まる。山口孤剣と言えば、第二章その一に書いたが、『平民新聞』第五九号に「父母を蹴れ」の記事を執筆し、軽禁錮三ヵ月の判決を受けたその人である。今回の出獄は一九〇六（明治三九）年、東京市で発生し、騒擾事件に発展した東京市内電車値上げ反対運動で入獄していたもので、当初、一審さらに控訴審で山口らは無罪だったが、上告審で西川光二郎は重禁錮二年のほか、山口らは重禁錮一年六ヵ月の刑で入獄したものである。

出獄歓迎会がいよいよ閉会まぎわになって大杉栄や堺利彦らが突然、「無政府共産」と書いた赤旗をひるがえし、「革命の歌」を歌いながら、街頭に流れ出た。堺利彦がのちに書いた『赤旗事件の回顧』が特に詳しいが、この集会の参加者は婦人や子どもを交えて五〇～六〇人、ただ、街頭に出たあと警官と乱闘になり、大杉、堺のほか、山川均、荒畑寒村などが治安警察法違反、官吏抗拒罪で起訴された。「（被告らは）公判の結果は、たかだか二ヵ月以上四ヵ月くらいという見当だった。あんな何でもない、つまらん事件だもの、それ以上になりっこないという、被告らの与論だった。ところが意外にも、判決申し渡しは一年、一年半、二年の三種だった。それを聞いた時、私はほんとに『オヤ！』と思った。多くの被告は『無政府主義万歳！』と唱えて退廷した[2]」と堺は書いている。

これだけのことで、二年六ヵ月から一年の重禁錮とは、と誰もが不思議に思うかもしれない。しかし、堺の書いたようにこんな何でもない、つまらない事件で何も起こりようがないと思われた「赤旗事件」により、実は恐るべき「大逆事件」への種が播かれたのである。

ここで、赤旗事件で捕まった大杉栄について書いておかねばならない。第一章その一で関東大震災後の大杉栄虐殺について触れた。一九二三（大正一二）年九月一日の東京・横浜などを襲った大震災は地震そのものによる被害（火災等を含め）は死者二〇万人とも言われるが、同時に大震災による第二の悲劇は、朝鮮人暴動と大杉栄事件であった。流言の拡大による朝鮮人来襲説により、多くの朝鮮人が日本人の自警団により殺害された。

　そしてもうひとつの悲劇が、災害に乗じ反政府運動を起こすことに不安を感じていた内務省をはじめとする国家機関の監視から発生した。社会主義者への監視が強化され、検束も相次いだ。この中で起きたのが、憲兵大尉・甘粕正彦（あまかすまさひこ）とその部下による社会主義者、大杉栄、妻・伊藤野枝、大杉栄の甥・橘宗一の殺害事件である。この事件から二〇二三（令和五）年は虐殺一〇〇年にあたる。大杉栄の甥・大杉豊らは毎年九月一六日、静岡市にある大杉栄の共同墓地・沓谷（くつのや）霊園で「大杉栄らの墓前祭」を行ってきた。大杉豊によると木村まきもこの墓前祭に出席したことがあるという。

大杉豊さん（ギャラリー「古藤」にて）
2023（令和5）年12月19日　金澤敏子撮影

　虐殺一〇〇年の二〇二三（令和五）年は最後の墓前祭になった。労政会館での最後の追悼講演会は大杉豊が行った。「大杉栄という生き方―虐殺一〇〇年を迎えて―」と題したこの講演で豊は、一〇〇年を経た今も「謎が多い」と言われる「三人を殺したのは誰か」という問題について、いくつかの事実を立証し、「大杉らの虐殺事件は、陸軍上層部（中枢）の命により、東京憲兵隊特高課の甘粕課長ら五人を実行部隊とする権力犯罪であることは明らかである。単に『甘粕が殺した』という、単独犯のような教科書の記述は、誤解を与え、適切とは言えない」[3]と断じた。それはまさに権力犯罪の解明であった。となれば、明治の「大逆事件」、大正の「大杉栄事件」、そして昭和の「泊・横浜事件」と、この国の国家による権力犯罪が恐るべき近代の糸としてつながるのだ。

　「赤旗事件」に戻る。山口の出獄歓迎会で捕まったのは帰郷中の秋水を除く大杉栄をはじめ、荒畑寒村、堺利彦ら、社会主義運動の主力一四人、東京同志の運動が壊滅的打撃を受けた。『十二人の死刑囚―大逆事件の人々―』、『実録　幸徳秋水』には、近代化を歩み始めた日本が暗い歴史の曲がり角に立つ、その裏面史が刻印されている。すなわち、この「赤旗事件」の責任を負って当時の西園寺公望内閣が辞職する。一九〇八（明治四一）年七月、桂太郎の軍閥内閣となり、社会主義に対する弾圧はますます厳しくなる。言論・出版・集会などの基本的人権が奪い取られる。急進的青年たちはこの弾圧と圧迫から逃れようとあせりはじめる。つまりこうした弾圧の根本が天皇にあるとして、天皇を倒そうという急進的な空気が一部の青年に芽生えてきた。急進的青年たちとは誰か。それこそ、「大逆事件」で死刑の判決を受け、むごたらしい宣告に殉じた青年たち、すなわち、労働者・宮下太吉、社会主義者・新村忠雄、無政府主義者・古河力作らである。

「大逆事件」は明らかに桂軍閥内閣の計画した政治的陰謀である。一九〇八（明治四一）年七月一二日、宮中に参内した陸軍大将、侯爵・桂太郎は、明治天皇から後継内閣組織の大命を受けて、七月一四日に組閣を完了した。その前に六月末、元老・山県有朋が明治天皇に密奏、「何とか特別に厳重なる取締りもありたきものなり」と社会主義取締り対策について上奏した。この国はまさに天皇制の絶対的権威に基づく軍国主義と、社会主義という、少数であるにせよ新しい思想的潮流が激しくぶつかりあう時代の嵐に直面していた。それが「大逆事件」となって噴出した。帝国主義国家の無惨な悲劇と刑死した一二人のいのちをどのように記述すべきか、その力は筆者には到底ないが、確かに存在していた事実と社会主義運動弾圧のために、国家権力を虚構の陰謀に徹底的に利用したこの事件の過ちを一つひとつ確認していきたい。

大審院判決

さて、「大逆事件」（または「幸徳事件」）といわれるこの事件を整理して記述するには、真にそれが事実であったかどうかの確証を得るのは今や不可能であるが、少なくとも、大審院判決において認定された事実の概要から始めるしか筆者には方法がない。率直にいって「大逆事件」に関する訴訟記録では、専修大学今村法律研究室編の『大逆事件』（一）～（三）に加えて同研究室編の『大逆事件と今村力三郎』が、この困難な事実の概要を知る手がかりとなる。今村力三郎は官選弁護人の一人としてこの事件に関わった。今村弁護士の「大逆事件」における活動から、本事件の被告人の大半が冤罪であることが導かれるに多大な貢献があったことは論を待たない。

上記、専修大学今村法律研究室編の文献からまず、事実の概要を記述する。

本項冒頭に述べたように、一九一一（明治四四）年一月一八日、大審院特別刑事部は、刑法七三条（一九四七・昭和二二年に廃止）の皇室危害罪に該当するとして起訴された幸徳伝次郎（秋水）、管野スガ（須賀子）、森近運平、宮下太吉、新村忠雄、古河力作、坂本清馬、奥宮健之、大石誠之助、成石平四郎、高木顕明、峯尾節堂、崎久保誓一、成石勘三郎、松尾卯一太、新美卯一郎、佐々木道元、飛松与次郎、内山愚童、武田九平、岡本穎一郎、三浦安太郎、岡林寅松、小松丑治、新田融、新村善兵衛の二六名の被告人に対し、うち二四名の被告人に死刑を言い渡し、被告人二名を有期懲役に処したのである。死刑判決を言い渡された二四名のうち一二名は、判決言い渡しの翌日、午前会議によって特赦が認められ、無期懲役となった。[4]

事件の概要については、太平洋戦争後、再審請求を受けた東京高等裁判所が、戦前の大審院判決において認定された事実を要約しているので、その内容を『大逆事件と今村力三郎』から引用する。

被告人らは無政府共産主義を信奉する者またはその臭味を帯びる者であるが、明治四一年六月二二日発生したいわゆる錦輝館赤旗事件における官憲の取締の厳重であるのに憤慨し、国家権力を破壊するには先ず元首を除くにしかずとして兇逆を企てたが中道にして発覚したものであると冒頭したうえ、初め明治四一年一一月三日、労働者である被告人宮下太吉の発意で大逆の企図が芽生え、ついで太吉の意を知った被告人幸徳伝次郎から、いずれも東京巣鴨の「平民社」において、同月一九日に被告人大石誠之助、同森近運平に対し、更にそのころ被告人松尾卯一太、同坂本清馬に対し「赤旗事件連累の出獄を待ち決死の士数一〇名を募って富豪の財を奪い、顕官を殺し且つ宮城に逼って大逆を犯す」べき意思が示され、それぞれその同意を得て逆謀が成立し、この謀議は、被告人大石誠之助から同月末ないし翌明治四二年一月までの間に大阪方面及び紀州方面の被告人武田九平ほか七名に対し、また被告人松尾卯一太から明治四一年末ないし翌明治四二年三月までの間に熊本方面の被告人飛松与次郎ほか二名に対し、順次伝えられてその同意を得、さらに被告人幸徳伝次郎と被告人管野スガ、同古河力作との間にも逆謀が成立し、他面被告人内山愚童は、幸徳らの逆謀を知りながら独自の見解から一層有力な方法として皇儲を殺害する計画を説い

宮下太吉（1910・明治43年5月、逮捕直前の写真）
出所：神崎清『革命伝説　大逆事件①黒い謀略の渦』子どもの未来社、2010

て被告人岡林寅松、同小松丑治の同意を得、明治四二年九月には被告人幸徳、同菅野、同新村（忠）の間で大逆決行の時期を明治四三年秋と決定して被告人宮下の同意を得、爆裂弾の製造は紀州の被告人成石（平）の方で不成功に終わったが、被告人宮下は、長野県下明科製材工場で幸徳、新村（忠）らより爆薬の送付及びその混合方法等の指示を受け、爆裂弾の試作を遂げ、明治四二年一一月三日にはこれが爆発の実験に成功し、越えて明治四三年一月一日幸徳、菅野、新村（忠）、宮下の四名は幸徳方に会合した宮下の携えて来た爆薬及びこれを装填する小鑵の批評をなし且つ交互に小鑵を投げて実用に適するかを試み、同月二三日以降同五月一七日までの間に菅野、新村（忠）、古河らは大逆決行の際に爆裂弾投擲の部署の分担を協議し且つ抽籤のうえ決定した。[5]

これが大審院判決において認定された事実の概要要約である。すでに述べているように、「大逆事件」被告人の大半は冤罪であることが明らかになっているので、上記事実概要の要約とて、何が事実であり、どこまでが事実かは不明と言わざるを得ない。ただ、事件の発端は、長野県の明科製材所で爆列弾を試作し、その爆発の実験に成功していた宮下太吉が逮捕されたことに始まる。

そして宮下を中心として新村（忠）、管野須賀子（スガ）、古河力作の四人が爆裂弾をもって明治天皇に危害を加えようと計画したと思われるのが、

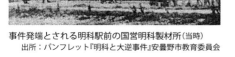

事件発端とされる明科駅前の国営明科製材所（当時）
出所：パンフレット『明科と大逆事件』安曇野市教育委員会

人から人へのつながりにより拡大されていったようである。このあたりは「泊・横浜事件」のまさに単なる人のつながりだけによる空中楼閣事件に近い部分もある。「泊・横浜事件」では、言論による結社や出版社毎による人のつながりであったが、「大逆事件」の場合は、全国各地方の社会主義者などを巻き込んで日本国中に嵐が吹きまくった。

大審院刑事部による起訴者を人的なつながりでグループ分けすると以下のようになる。

東京・長野グループ
幸徳伝次郎（秋水）、管野スガ（須賀子）、古河力作、奥宮健之、宮下太吉、新村忠雄、新田融、新村善兵衛

紀州グループ
大石誠之助、高木顕明、峯尾節堂、崎久保誓一、成石勘三郎、成石平四郎

大阪グループ
森近運平、武田九平、岡本穎一郎、三浦安太郎、岡林寅松、小林丑治

熊本グループ
坂本清馬、松尾卯一太、新美卯一郎、佐々木道元、飛松与次郎

その他
内山愚童（小冊子『入獄記念無政府共産』を印刷・頒布）

このグループ分けも『大逆事件と今村力三郎』[6]を参考にしたものだが、大まかにみると人のつながりというのは、ほぼ出身地や在住地に沿ったグループになっている。もちろん、人のつながりといっても思想のつながりによるものなので、警察によるフレーム・アップでグループは次第に拡大していった。しかし、どの基本文献をみてもやはり「赤旗事件」が「大逆事件」の震源地になったような気がする。渡辺順三は「管野スガの予審調書には、はっきり赤旗事件のとき、官憲の暴力に憤慨して、暴力には暴力をもって対抗しようと決心し、そして天皇暗殺を思いたったと述べられているし、また宮下太吉がこの計画を考え着いた直接の動機が、内山愚童の秘密出版した『入獄記念無政府主義』というパンフレットを読んだことからであるが、このパンフレットは、やはり赤旗事件の弾圧に憤慨してつくられたものである[7]」と書いている。

信州・明科を訪問

大逆の企図を発意したとされる労働者・宮下太吉は一六歳の時から見習いをして、機械職工となり、東京・大阪・神戸・名古屋各地の大工場で十数年働き、二七歳の時に愛知県亀崎鉄工所の職工となった[8]。宮下には革命的本能というか、資本家の利益に奉仕することに大きな不満があり、組合の御用化などにも絶望し、秋水の急進的な無政府主義や直接行動論に関心を強くしていた。

宮下の陰謀がどうして未然に発覚したのかといえば、亀崎鉄工所から長野県の明科製材所へ転勤になった頃、宮下はすでに社会主義者として要観察人のリストにのっており、その挙動が監視されていた。宮下は監視に注意を払いながらも、前述の事件概要にあった爆裂弾の製造準備にとりかかり、管

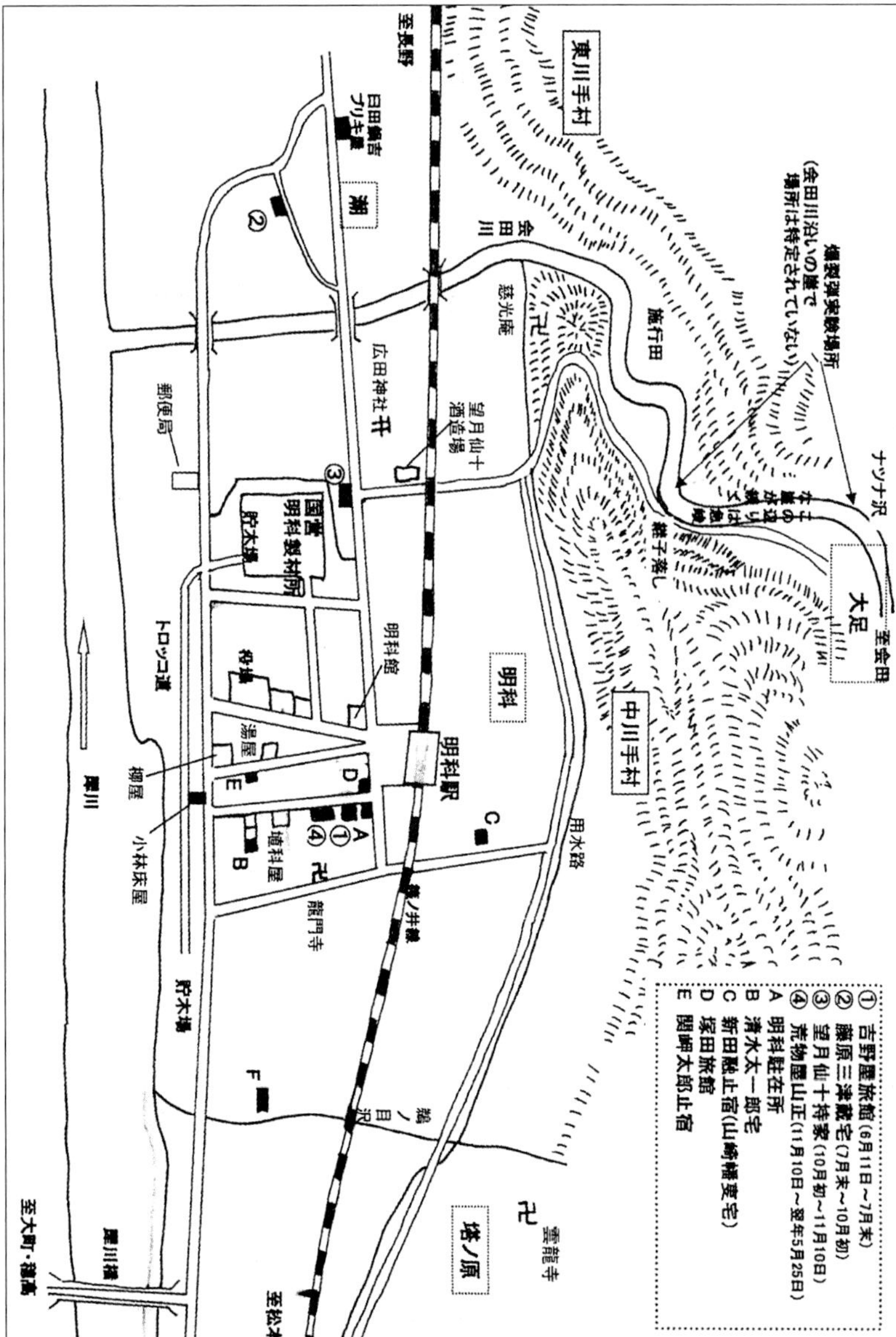

明科要図

「明科大逆事件を語り継ぐ会」提供

野須賀子（スガ）に相談したり、管野が同志として信頼がおけるとして紹介した新村忠雄や古河力作と接触を取り始めた。このあたりを事実とすれば、「大逆事件」の中核として宮下、管野、新村（忠）、古河らは爆裂弾をもって明治天皇に危害を加えようと計画した（と思われる）事件と言えなくもない。新村（忠）は、当時、紀州新宮の大石誠之助方にいたが、宮下は新村に爆裂弾に使う薬品材料も手に入れてもらい、明科の山で爆裂弾の試験を行い、その効力に自信を持った。

二〇二三（令和五）年一一月、筆者の一人である金澤は、明科町（現・安曇野市明科）を訪ね、「明科大逆事件を語りつぐ会」幹事・大澤慶哲に会った。明科では二〇〇〇年頃から地元の画家・望月桂が「大逆事件」を調査していたが、桂亡きあとは息子の望月明美が調査を引き継ぎ、「大逆事件」一〇〇年にあたる二〇一〇（平成二二）年一一月に「明科大逆事件を語りつぐ会」を設立、明美亡きあとは、二代目の大澤が幹事となり、訪問者への対応などにあたっている。大澤は旧東筑摩郡明科町職員で、二〇〇五（平成一七）年に明科町が近隣の町と合併し安曇野市となってからも市の職員を務めた。退職後は安曇野市文化財保護審議会委員や浄土宗給然寺住職であるが、かつての「大逆事件」発端の地を丁寧に同行してくれた。

明科要図は望月桂の原図を一部修正はしてあるが、現在のＪＲ篠ノ井線明科駅前に宮下太吉が勤務していた国営明科製材所があり、宮下の宿泊した旅館や下宿先が附近にあった。今はもちろんその面影もない。

大澤に早速、爆裂弾の実験場所を案内してもらうことにした。明科駅から会田川に沿って県道を車で上る。標高五〇〇メートルほどの高台に車を止め、枯草が茫々と残る河岸耕作地跡を降り、大澤が

「明科大逆事件を語り継ぐ会」幹事
大澤慶哲さん　長野県安曇野市在
住　2023年11月　　金澤敏子撮影

長野県安曇野市の景観　2023年11月　　金澤敏子撮影

宮下の爆裂弾実験場所の一つと
されるナツナ沢の写真
出所：『明科町史　下巻』明科町史編
纂会編、1985

現在のナツナ沢　2023年11月
金澤敏子撮影

説明を始めた。

　宮下が実験した場所ですが、この会田川に沿って周りは急峻な崖があります。立木を切る人がいなくて今は樹木が周りに生い茂っていますが、当時は崖の岩肌がたくさん見えていたと思います。ただ、宮下自身がここに来てやるべきはずの現場検証も当時は行われていないんです。夜の七時、八時頃の実験だったということですが、どこに向かって投げたか、検証してないから場所は定かではないんです。投げたとすれば、「継子（まま こ）落（おと）し」もしくは「ナツナ沢」の崖に向かって爆裂弾を投げつけたと思うんです。「継子落し」は道の通り端にあるので、いつ誰が通るかわからないし、見つかりやすい場所なんで、宮下はしないと思います。だから私たちの会では、人目を避けるためにも実験場所は「ナツナ沢」ではないかと思っています。しかし現場検証はしてないですしね、明科要図にも書きましたが、「爆裂弾実験場所は、会田川沿いの崖で場所は特定されていない」ということなんです。

かつて「発覚の地」の標柱が建っていた場所
2023年11月　金澤敏子撮影

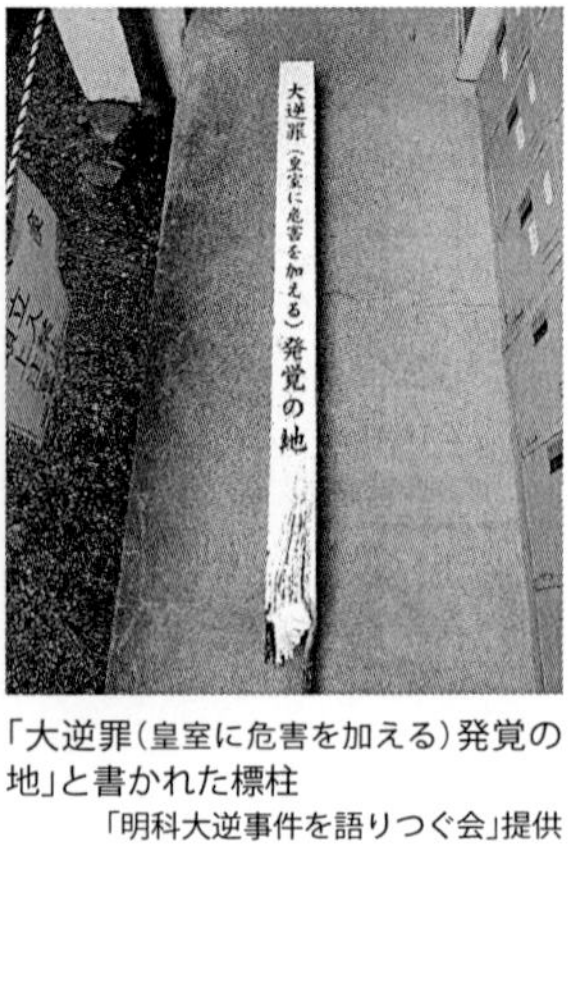

「大逆罪（皇室に危害を加える）発覚の地」と書かれた標柱
「明科大逆事件を語りつぐ会」提供

二〇〇五（平成一七）年秋頃、山道の高いところの会田川沿いの実験場所を見下ろせるようなところに「大逆罪（皇室に危害を加える）発覚の地」と書かれた木製の標柱が建てられたのですが、何しろ木製で細くて小さく、こんなところに建てても車でスーッと行けば誰も気づきません。現地に建っていたのは八年ほどで、標柱が倒れたのを確認したのは二〇一三（平成二五）年の夏だったと思います。

大澤によれば、「明科大逆事件を語りつぐ会」を設立した望月明美は、「大逆罪（皇室に危害を加える）発覚の地」と書かれた標柱を見た時にこの標柱を建てた明科町に激しく異を唱え、「大逆事件発端の地」とすべきと、文字を改めるよう要請したという。「発覚の地」と書かれた標柱はしばらく明科公民館に置かれていたが、シロアリに喰われ腐食したこともあり、二〇一六（平成二八）年、安曇野市明科歴史民俗資料館解体時に処分され、今は残っていないという。

事件から一一〇年余を経て今は当時、事件に関係したとされる建物をはじめとする形あるものは何もなくなり、明科町の公民館の廊下にわずかに「明科と大逆事件」と

「明科と大逆事件」と題した案内板　2023年11月　金澤敏子撮影

題した案内板のようなものが一枚展示されているだけだった。

紀州熊野を歩く

ところで「大逆事件」は「幸徳事件」ともいわれ、幸徳秋水があたかもこの事件の首謀者であるかのような印象を持たれていたが、実は秋水自身、「赤旗事件」が起きた時には郷里の土佐に帰郷していた。土佐で、「赤旗事件」が起き、同志の大杉、堺、山川、荒畑らが検挙されたことを聞き、大急ぎで上京の途についた。一九〇八(明治四一)年七月だったが、秋水は土佐から東京への途中、紀州新宮をまわり大石誠之助やその仲間たちにも会ったほか、箱根では内山愚童に会った。内山愚童は、小冊子『入獄記念無政府共産』を自ら印刷、全国の仲間たちに発送した。このパンフレットは「小作人は何故苦しいのか」という標題のついた文章で、納税、兵役の義務を否定し、無政府共産の理想を説いたもので宮下太吉もこのパンフレットに感動、大いに触発を受けたという。

ただ、「赤旗事件」直後の秋水の立ち寄り経路で出会った人たちらが、のちに「大逆事件」の謀議と結びつけられていく。秋水は一九〇八(明治四一)年七月、船で新宮から少し離れた勝浦港に到着、大石誠之助らの出迎えを受けた。秋水は新宮に滞在中、大石ドクトル(大石誠之助)の周囲に集まった高木顕明、峯尾節堂、成石平四郎、崎久保誓一らの訪問を受けたり、浄泉寺(じょうせんじ)で開かれた懇話会にも主席して、社会主義普及の活動を行った。[9]

二〇二三(令和五)年一一月末、筆者(向井)は多くの犠牲者を出した紀州・新宮を訪問、「『大逆事件』の犠牲者を顕彰する会」の濱野(はまの)小夜子事務局長のご配慮で、国家権力による最大のフレームアップ事件の中心舞台を歩くことができた。濱野事務局長のお話を聞きながら、やはりフレーム・アップの端緒は前述した一九〇八（明治四一）年七月の秋水、新宮滞在から始まったのだと思った。

熊野は地理的・風土的にも独特の進取の精神に富み、日頃から自由な談論風発の地だった。新宮市立佐藤春夫記念館館長の辻本雄一は「幸徳（秋水）が新宮にやってきて、海老かき（川海老獲り）を楽しんだりしたのですが、その海老かき遊びが『謀略の密議』とされるのです。その後の大石宅での新年会の宴会が、『決死の士を募る会』などと把握されて、起訴されていきます[10]」と述べているが、第一章に書いた「泊事件」とフレーム・アップの手法は全く同じである。いずれにしても当時の新宮には、お互いがお互いの立場を認める、平等・人権・非戦の思想があり、若い人たちにも大きな影響を与えていたようだ。

時代の先進を行く熊野新宮ゆかりの六人が冤罪の犠牲となり、このうち貧しい人々に無償で医療を施してきた医師・大石誠之助が四三歳で、毛利柴庵の『牟婁新報』新宮支局でも働いたことのある志多き青年・成石平四郎が二九歳で、判決から一週間も経たぬ一九一一（明治四四）年一月二四日、刑死した。筆者は、「大逆事件」の犠牲者を顕彰する会の濱野事務局長にお願いし、虚構の事件に連座させられた成石平四郎・勘三郎兄弟のお墓へ案内してもらうことにした。成石兄弟の墓は、本宮町請川（現・田辺市）の生家近くにある。

美しき青き日本のドナウとさえ言われる熊野川の上流をめざ

成石平四郎　出所：幸徳秋水全集編集委員会編『大逆事件アルバム　幸徳秋水とその周辺』明治文献、1972

して、濱野事務局長のご主人の運転で請川をめざした。熊野川は絶え間なく流れ来る水量豊かな大河、平四郎は逮捕された時には筏(いかだ)で材木を運ぶ仕事をしていたという。平四郎の生家は新宮から車で三〇分余り、熊野川上流に至る成石橋(なるいしばし)の近くの山の斜面にあった。急斜面である。筆者は斜面に這いつくばりながら草木につながり、なんとか成石兄弟の墓に辿り着いた。

一族の墓の一つとして小ぶりながら、年月を経てかすかに「蛙聖(あせい)成石平四郎之墓」と読める。「蛙聖」は平四郎の号である。平四郎の墓の横には同じ時代を生きた社会主義者・荒畑寒村による成石兄弟を顕彰する銘が刻まれた大きな碑があった。

成石平四郎兄弟の碑

明治政府架空の大逆事件を虚構するや、平四郎・勘三郎の兄弟また連座して倶(とも)に冤枉(えんおう)（引用者注：ぬれぎぬの意）の罪に死す、『行く先を海とさだめししずくかな』は平四郎の辞世なり、風霜ここに五〇余年、いま兄弟のために碑を建てて無告(むこく)の幽魂(ゆうこん)を弔う[11]

（荒畑寒村の撰文(せんぶん)）

荒畑寒村は一九六七（昭和四二）年にも成石兄弟の墓に詣(もう)で、本宮町川湯(かわゆ)に兄弟の実妹・飯田とみを訪れ、往時を偲んだという。筆者も成石兄弟の無念を思い、お墓から去りがたい気持ちであった。この日は幸い雨はなかった。新宮への復路の車中での濱野事務局長の言葉、「雨が降らなくてよかった。北陸は雪が大変かもしれませんが、こちらの雨といったら日本一の雨量で、その日は長靴でないと歩けませんよ」。平四郎は秋水や大石誠之助の話を聞くためにこの川の参詣道をどんな思いで歩いてい

成石平四郎の墓（田辺市本宮町請川）　2023年11月
向井嘉之撮影

成石平四郎・勘三郎兄弟之碑　2023年11月　向井嘉之撮影

たことだろう。

車は新宮の街中へ戻り、「大逆事件資料室」を見せてもらった。「伝えなければならないものはこれからも伝えていく」、資料室にはその資料が揃えられていた。「大逆事件」を知るためにここにやってくる人たちを大切にする、そんな思いが詰まった資料室だった。

JR新宮駅にほど近い小公園に「大逆事件」犠牲者六人の顕彰碑が建立されている。

この顕彰碑は二〇〇一（平成一三）年八月に結成された新宮の「『大逆事件』の犠牲者を顕彰する会」

「大逆事件」の犠牲者を顕彰する会　濱野小夜子事務局長（向かって右）、ご主人の濱野兼吉さん（中央）と筆者・向井（左）　2023年11月

1967（昭和42）年、成石兄弟の実妹・飯田とみさんを訪ねた時の荒畑寒村　　出所：1969（昭和44）年6月25日付け『熊野商工新聞』

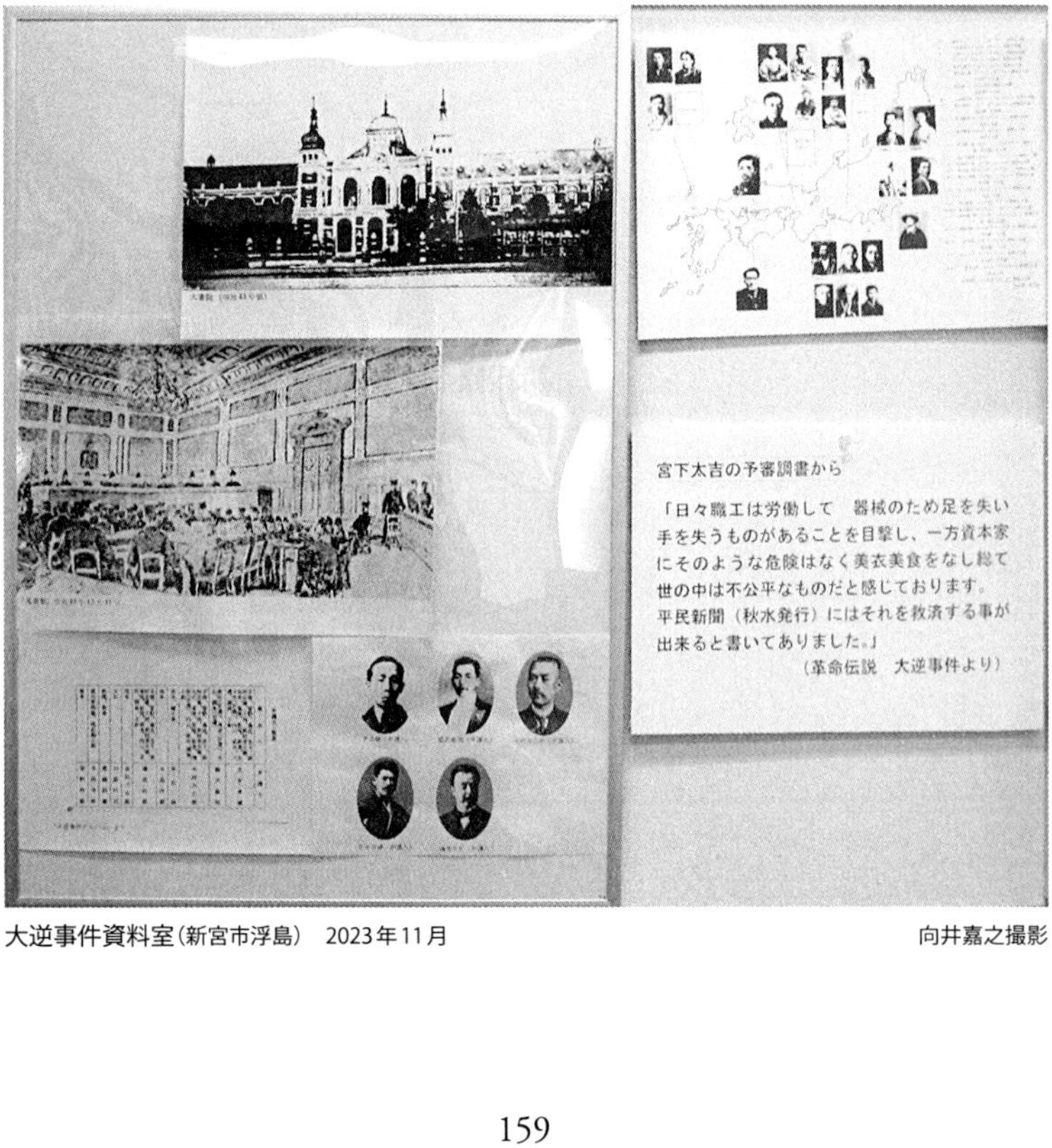

宮下太吉の予審調書から
「日々職工は労働して　器械のため足を失い
手を失うものがあることを目撃し、一方資本家
にそのような危険はなく美衣美食をなし総て
世の中は不公平なものだと感じております。
平民新聞（秋水発行）にはそれを救済する事が
出来ると書いてありました。」
（革命伝説　大逆事件より）

大逆事件資料室（新宮市浮島）　2023年11月　　向井嘉之撮影

が、六人は冤罪で名誉回復をなされるべきだと、新宮市や新宮市議会に働きかけをし、二〇〇三（平成一五）年七月二〇日に西村記念館の庭に建立、除幕式が行われた。この除幕式には、太平洋戦争での思想・言論弾圧「泊・横浜事件」で有罪判決を受けた新宮ゆかりの故・木村亨の妻、まきも東京から駆けつけた。

『南紀州新聞』の報道によると、木村亨は「敗戦直後の一九四六（昭和二一）年、地元の杉本三郎・川島博らと『熊野自由人クラブ』を結成、時の新宮市長・杉本喜代松に対し『大逆事件の紀州グループの復権を求めて、できることならぼくたち市民の手で名誉回復の復権式のような行事を公式に開催したい』旨の申し入れをしていたという。亨の妻・まきは顕彰碑建立について『よくぞここまでと、皆さんよくやった』と感動しています[12]」と伝えた。

犠牲となった六人は平和・博愛・自由・人権の問題においては、むしろ時代の先覚者であったことを知り、その「志を継ぐ」碑である。筆者にはこの碑が新宮という地域社会、あるいは地方から国家のあり方への痛烈な「抗（あらが）い」の碑でもあるように見えた。碑の前には初冬の風

「志を継ぐ」碑「大逆事件」犠牲者の顕彰碑　2023年11月　　向井嘉之撮影

木村亨と大逆事件

横浜事件再審請求人　木村まきさん

東京都西東京市の木村まきさん（54）の夫、故・木村亨氏は、雑誌編集者で、戦時下、治安維持法違反容疑で検挙され、有罪判決を受けた一人。「横浜事件」といわれるこの言論弾圧事件で編集者ら60余人が検挙され、約半数が起訴され有罪に。取り調べはすさまじく、4人が獄死。戦後、拷問によって自白を強要されたとして木村さんらは裁判闘争を続けた。

91年最高裁で棄却されたあとは、国連の人権小委員会へ3年連続で行くなど活動を展開したが、志半ばで98年7月14日死去した。82歳だった。まきさんは、亨さんの遺志を受け継ぎ、元被告の遺族らと第3次再審請求を申し立て、今年4月、横浜地裁は再審開始を認める決定を出した。

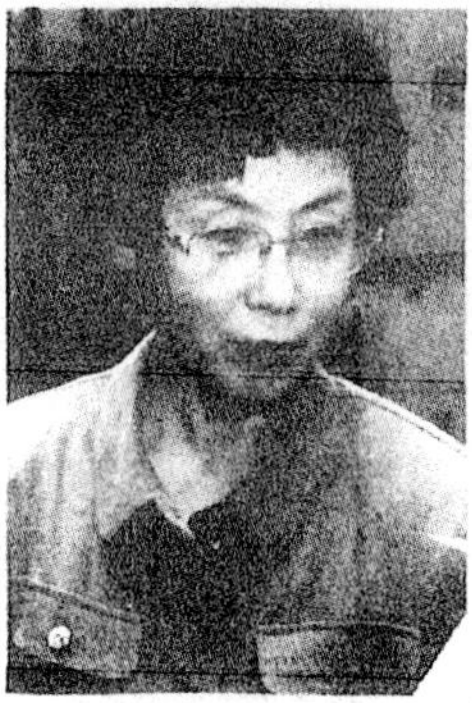
木村まきさん

木村亨氏は那智勝浦町宇久井の出身。祖母は大石誠之助に診てもらったことがあった。「貧しい人からお金をとらない、あんないい医者がなぜ処刑されなければいけないのか、許せない」と嘆く祖母の姿が、大逆事件に関心を持つきっかけという。自身の裁判闘争のかたわら、大逆事件の犠牲者の名誉回復にも心を砕いた。

敗戦直後の1946年、地元の杉本三郎、川島博両氏らとともに熊野自由人クラブを結成、時の新宮市長・杉本喜代松氏に対し「大逆事件の紀州グループの復権を求めて、できることならぼくたち市民の手で名誉回復の復権式のような行事を公式に開催したい」旨の申し入れもしている（季刊『直』十六号〈八十二年〉）。

顕彰碑建立に至った経緯について「よくぞここまでと、皆さんよくやったと感動しています」と喜ぶ。一方で、横浜事件の再審が決まり、それに向けても「犠牲者は皆亡くなりました。しかし、流れは私たちに向きはじめ、励まされます。事実を明らかにするため、めげずに突き進んでいきたい」と決意を新たする。

『南紀州新聞』　2003（平成15）年7月27日付け　熊野新聞社提供

を受けて山茶花が静かに赤い花をつけていた。

一方、秋水は上京の四〇日ほど前、松尾卯一太とともに『熊本評論』を創刊した新美卯一郎から無政府共産主義革命について疑問や質問をもらい、その返書として、秋水の革命観、革命にいたる手段方法、無政府共産と政府資本家についてなど無政府主義全般にわたる答弁を送った。

新美、松尾ともに九州地方における社会主義運動の指導的人物であったが、そのため「大逆事件」ではフレーム・アップの対象とされ、二人とも死刑となった。九州ではそのほか、『熊本評論』に関係した飛松与次郎、佐々木道元までも事件とは全く無関係であったのに無期懲役となった。[13]

筆者（金澤）は、二〇二四（令和六）年二月、熊本県山鹿（やまが）市にある松尾卯一太、新美卯一郎ら熊本グループと全国の大逆事件犠牲者の顕彰碑を訪ねることにした。一八日、北陸新幹線の黒部宇奈月温泉駅から金沢、新大阪駅を経て、熊本に向かう。翌日一九日、JR熊本駅から鹿児島本線の田原坂（たばるざか）駅で下車、タクシーで二〇分という山鹿市・本澄寺（ほんちょうじ）（日蓮宗）に到着した。熊本は二月の中旬とは思えない二〇度を超える季節外れの暖かさで本澄寺境内には青空に紅梅の花が見事に咲きほこっていた。

顕彰碑の高さは三メートルくらいであろうか、まだ真新しく、聞けば、二〇一四（平成二六）年一月、「熊本近代史研究会」が中心になって寺の一角に建立したものだという。

ご住職に代わって応対していただいた夫人の園田愛子さん（八二歳）は「まあ、まあ、遠いところ良く来られましたね。お寺には飛松与次郎さんの妹さんが嫁がれた高田家の納骨堂がありまして、飛松さんのご遺骨も一緒に納められているんです。そんなご縁もあってここ本澄寺に顕彰碑が建立されたんだと思います。昨日もこの顕彰碑を見学したいと、バイクで来られた男性がいますし、数年前はオーストラリアからグループで顕彰碑を見に来られたんですの。関心ある方が今もいらっしゃるんですよ」と語る。

前述したように、一九〇七（明治四〇）年六月二〇日、松尾と新美は『熊本評論』を創刊する。この時の飛松は購読者で佐々木は事務手伝いをしていた。記事は論説や時事評論、詩や小説などで構成され、幸徳秋水や森近運平も寄稿していたという。『熊本評論』は、明治後期の交通手段である人力車の車夫たちが営業権をめぐって組合と交渉する様子を報道するなど、地域の情報に力点をおき、社会的な現状を広く報道することを目指していた。

一九〇八（明治四一）年六月、東京で「赤旗事件」が起きた際、『熊本評論』は、事件に関する記事を掲載し、収監された人々を救済するための募金を呼び掛けたことで、新聞紙条例違反として発行禁止処分を受ける。その年の九月には三一号をもって廃刊に追い込まれた。廃刊後に、松尾が上京して平民社を訪ね、新たな新聞発行について幸徳秋水に相談したことが、のちの「大逆事件」へとつながっていく。

本澄寺（熊本県山鹿市山鹿）　2024年2月　金澤敏子撮影

愛子さんの娘・祐子（ゆうこ）さん（五八歳）に、飛松の遺骨も一緒に供養してきたという寺の本堂にある高田家の納骨堂を案内していただいた。「昨日は、お寺の涅槃会（ねはんえ）の星まつり大祭だったんです。高田家の方もお参りされました」と話す。

「大逆事件犠牲者顕彰碑」が本澄寺に建立されてから一〇年になる。顕彰碑を見守ってきた祐子さんは「ここ熊本では〝肥後もっこす〟という方言（引用者注：純粋で正義感の強い頑固者の意）があります。明治初期の西南戦争において西郷軍が戦った田原坂の地がここなんです。熊本は東京という都から離れた地ですが、時代を先取りする熊本人の血というか気質というか、一本、芯が通ったというんでしょうか、良くも悪くもですけど、あるんですね」と話す。

顕彰碑には「なぜ、彼らは『大逆罪』とされたのか。松尾らは、民衆を鼓舞するために『熊本評論』『平民評論』を発刊し、権力と闘っていたばかりでなく、人力車夫一二〇〇

大逆事件犠牲者顕彰碑　2024年2月
金澤敏子撮影

幸徳秋水らを貶めた大逆事件に熊本から連座させられたのは、松尾卯一太（一八七九～一九一一）、新美卯一郎（一八七九～一九一一）、佐々木道元（一八八九～一九一六）、飛松與次郎（一八八九～一九五三）の四名である。松尾と新美は死刑、佐々木、飛松は死刑の判決を受けるも死一等を減じられて無期懲役となった。

なぜ、彼らは「大逆罪」とされたのか。

松尾らは、民衆を鼓舞するために「熊本評論」「平民評論」を発刊し、権力と闘っていたばかりでなく、人力車夫一二〇〇名余を組織して生活防衛を訴えていた。それは自由民権運動を引き継ぎ、社会主義を醸成せんとするものであった。権力はこの活動を発行禁止という手段で潰した一年後、まったくのデッチ上げによって大逆事件に連座させたのである。

大逆事件の真相は多くの人々の努力で明らかにされてきた。ここに犠牲者顕彰を行なうのは、犠牲となった熊本出身者四名をはじめ、全国の大逆事件犠牲者の名誉回復を望んでのことである。

過ちは絶対に繰り返させてはならない。

二〇一四年一月

大逆事件犠牲者顕彰碑建立発起人会

顕彰碑に刻まれた文　2024年2月　金澤敏子撮影

名を組織して生活防衛を訴えていた。それは自由民権運動を引き継ぎ、社会主義を醸成せんとするものであった。権力はこの活動を発行禁止という手段で潰した一年後、まったくのデッチ上げによって大逆罪に連座させたのである。（略）過ちは絶対に繰り返させてはならない」と刻まれている。

被告の証言と告白文

ここまで「大逆事件」とは一体何であったのかを、事件のきっかけと背景、大審院判決による「事実の概要」、起訴者の人的なつながり、起訴者の具体的な動きを中心に記述してきたが、事件の真相をつかむには程遠い思いである。このあとは、明治天皇の暗殺を企てたという理由で刑死した一二人の死刑囚を中心に、被告の証言と告白文に従って、この事件のどこまでが真実かを理解してもらうことにしたい。

刑死者は確認の意味で、くり返しになるが、幸徳伝次郎（秋水）、管野須賀子（スガ）、森近運平、宮下太吉、新村忠雄、古河力作、奥宮健之、大石誠之助、成石平四郎、松尾卯一太、新美卯一郎、内山愚童の計一二人である。

筆者（向井）としては、事件の真相に近づくために何より先ず管野須賀子の獄中記「死出（しで）の道艸（みちくさ）」の告白文から引用したい。須賀子は女性ではただ一人の死刑囚であったが、一九一一（明治四四）年一月二四日に一一人の死刑が執行されたあと、一日遅く翌日の一月二五日に死刑が執行された。一月一八日に執筆された須賀子の獄中記「死出の道艸」冒頭には「死刑の宣告を受けし今日より絞首台に上がるまでの己れを飾らず偽らず自ら欺かず極めて率直に記しおかんとするものこれ[14]」とある。

> 今回の事件は無政府主義者の陰謀といふよりも、寧ろ検事の手によって作られた陰謀といふ方が適当である。公判廷にあらはれた七三条の内容は、真相は驚くばかり馬鹿たもので、其外観と実質の伴はない事、譬(たと)えば軽焼煎餅か三文文士の小説見た様なものであった。（中略）此五人の陰謀の外は、総て煙のような過去の座談を、強ゐて此事件に結びつけて了ったのである。[15]

この告白文の五人の陰謀とはすなわち、幸徳秋水、管野須賀子、宮下太吉、新村忠雄、古河力作の五人を指すのであろう。しかし、『実録　幸徳秋水』、『十二人の死刑囚―大逆事件の人々―』を読んでも、宮下を中心とする信州爆裂弾事件の計画に直接関わったとされるのは、宮下、管野、新村、古河の四人のようで、秋水は次第にこの計画に関心を示さないようになり、明らかに実行計画から遠ざかり、著述に専念していくかのごとき言動に終始している。「大逆事件」は「幸徳事件」ともいわれ、幸徳秋水があたかもこの事件の首謀者であるかのような印象を持たれているが、「検事の手による陰謀」は別として管野須賀子の五人陰謀説には多くの先学が指摘するように、筆者も疑問を感じざるを得ない。それが証拠に弁護人として被告人から信頼の篤かった平出修(ひらいでしゅう)の「刑法第七三条に関する被告事件弁護の手控え」（『定本　平出修集』）に以下のような意見書がある。少し長いが、収録したい。

> 四一年（引用者注：明治四一年・一九〇八年）一二月、大石、幸徳の会見後、管野すがは独立の意志を以て幸徳に陰謀を勧めた。もし、大石、幸徳の約束が記録の云ふが如くんば、茲(ここ)に一人の加盟

者が出来た訳である、幸徳は喜んで之を通ぜなければならぬ、然るに此事が更にない、四二年一月内山愚童が幸徳を訪問し同じく陰謀を話した。四二年二月宮下太吉が同じく上京して幸徳を訪問し、陰謀の相談をした。

之も大石には分っては居らぬ、更に可笑（おかし）いのは、四二年三月に新村が紀州へ行った、記録によると、新村は以上の事実に直接もしくは間接に干与（ママ）して居た男である、此男が紀州へ行った、何か陰謀の打合せかと思へばさうでもない、新村が紀州へ行ってからの紀州の動静は極めて曖昧である、如何に記録を解しても、新村が紀州の同志と打合せをしたと云ふ形跡があらはれて居らぬ。もし四一年一一月の大石、幸徳の会見が無政府主義者の信念から出たものであるならば、新村が紀州へ行ったとき、紀州の五人は直ちに相会して、其後の計画をせねばならぬ筈である。少くとも、大石は紀州の同志の意向はかくかくであるとの報告位をなし、新村も内山、宮下、管野の計画は云々である位の報告をなすべきである。さうして新村を通じて東京紀州間の連絡をとらねばならぬ筈である、然るに事実は全く之に反して居る、新村は宮下、管野等とは種々の打合せもして居たであらうが、その事は紀州の同志に分かっては居らぬ、又新村が成石兄弟と爆発物の研究をしたと云ふ事実であるが、その事は東京へ分かって居らぬ、高木、崎久保は其事すら知らないのである。昨年一月に決死を約したと云ふ五人のうち三人までも其後の運動に何の参加がないのである。もし、大石、幸徳が真に主義の為に殉ずる信念があるならば、も少し節制あり、規律あり、首尾あり、照応ある行動に出ねばならぬ訳である。[16]

長い引用になったが、「大逆事件」の本質に関わる平出修弁護士の明解な意見書である。

この意見書を読み進むと、どうも平出弁護士は「大逆事件」計画にフレーム・アップさせられた「信州爆裂弾事件」の実質計画者を、宮下太吉、管野須賀子、新村忠雄の三人においている。平出弁護士の意見書を続ければ、「調書の文字を離れて、静に事の真相を考ふれば本件犯罪は宮下太吉、管野スガ、新村忠雄の三人によりて企画せられ、稍実行の姿を形成して居る丈であって、終始此三人者と行動して居た古河力作の心事は既に頗る曖昧であった。幸徳伝次郎に至れば、彼は死を期して法廷に立ち、自らの為に弁疏（引用者注：言い訳をすること）の辞を加えざりし為、直接彼の口より何物をも聞くを得なかったとは云へ、彼の衷心大に諒とすべきものがある。大石誠之助に至りては寔に之れ一場の悪夢、思ふに、事の成行きが意外又意外、彼自らも其数奇なる運命に驚きつつあったのであろう」[17]と述べている。

では、秋水その人の獄中日記には何が書かれていたかというと、Ⅰ・死刑の前、Ⅱ・暴力革命について、Ⅲ・基督抹殺論自序、Ⅳ漢詩からなるが、秋水の心情を吐露すべく「死刑の前」には事件に関することは何も語っていないと言っていい。冒頭の部分を記せば、「私は死刑に処せらるべく、今東京監獄の一室に拘禁せられて居る。嗚呼死刑！世に在る人々に取っては、是れ程忌はしく恐ろしい言葉はあるまい。いくら新聞では見、物の本では讀んで居ても、まさかに自分が此忌はしい言葉と、眼前直接の交渉を生じやうと豫想した者は一個もあるまい。而も私は眞實に此死刑に処せられんとして居るのである。（中略）左れど今の私自身に取っては、死刑は何でもないのである。私が如何にして斯る重罪を犯したのである乎。其公判すら傍聴を禁止せられた今日に在っては、固より十分に之を言ふの自由は有たぬ。百年の後ち、誰か或は私に代って言ふかも知れぬ。孰れにしても死刑其者は何でもない[18]」と書き、「人間は死ぬのは問題でない。問題はいつ如何にして死ぬかにある[19]」と述べ、人生の目的を社会的価値の実現においていた。

神崎清の『大逆事件記録』にある獄中手記を全て紹介したいところであるが、前述したように、歴史的な「大逆事件」は、天皇制の支配を強化し、社会主義運動を弾圧する目的で、反抗分子と思想を一掃するために、政治的に捏造されたおそるべき事件であった。だからこそ、管野須賀子や平出修の証言を借りるまでもなく、検事の平沼がこの事件の発端を知って、直ちに着手したのはまず幸徳秋水を押さえることだった。平沼は戦後の口述証言で「これらは無政府主義者ということは解っていますからね、捜査に着手したという事がが解ると、すぐに幸徳秋水は逃げてしまいますからね、あとの結果はどうなろうと云って、幸徳を逃がしちまったあとが大變だから、幸徳に通じない前に押さえちまわなければならない[20]」と述べている。

当時の全体的政治的構造は次章三章でさらに検証したい。

人は自由なり

日本国中を戦慄させた「大逆事件」は、一九一〇（明治四三）年一一月九日に予審が終結し、一二月一〇日から大審院特別法廷で公判が開かれた。公判といっても開廷と同時に傍聴が禁止されるという秘密裁判だった。裁判は鶴丈一郎判事を裁判長とする七名の裁判官によって構成されたが、予審意見書が出されてから極めて迅速な集中審理を行い、約二ヵ月半後の一九一一（明治四四）年一月一八日に判決を下した。主任検事は平沼騏一郎、弁護人は磯部四郎、今村力三郎、花井卓蔵、鵜沢総明、平出修など合わせて一一人であった。[21]弁護人の中で、幸徳や菅野、宮下、新村（忠）など主たる被告人を全て担当していたのは、磯部、今村、花井弁護士であった。公判の進行中の一九一〇（明治四三）年一二月一八日、幸徳秋水が自分の担当弁護人であった磯部四郎、花井卓蔵、今村力三郎の三人に獄中から一通の「陳弁書」を送った。これは「陳弁書」なるタイトルがつけられたものではなく、二つ折の半紙一八枚、横とじにして毛筆で墨書したもので、標題はないが、「磯部先生足下　花井君足下　今村君足下」の宛名となっており、検察当局が無政府主義の思想内容を誤解・曲解していると激しく抗議、論陣を張っている。冒頭の部分を少し引用したのち、神崎清の解説を加える。

> 磯部先生、花井・今村両君足下、私共の事件の為めに、澤山な御用をなげうち、貴重な時間を潰し、連日ご出廷下さる上に、世間から定めて亂臣・賊子の辯護をするとて種々の迫害も来ることでしやう。諸君が内外に於ける總ての労苦と損害と迷惑とを考えれば、実にお気の毒に堪えません。夫れにつけても益々諸君のご侠情を感銘し、厚く御礼申上げます。
> 　さて頃来の公判の模様によりますと「幸徳が暴力革命を起し」云々の言葉が、この多数の被告を出した罪案の骨子の一になっているにも拘らず、検事調に於ても、予審に於ても、我等無政府主義者が革命に対する見解も、またその運動の性質も一向明白になっていないで、勝手に憶測され解釈され、附会されてきたために、余程事件の真相が誤られはせぬかと危ぶむのです。[22]

このような冒頭で始まる幸徳秋水の三人の弁護人への訴えは神崎清の解説を借りれば、検事団が持ち出した「暴力革命」は新造語に過ぎず、言葉の完全な魔術であり、大逆罪を無理にでっちあげようとした検察団の脅迫的態度やでたらめな調書などに対して、極度の不信を表明したものであった。

ところで、ここで筆者としては、前述の獄中から三人の弁護士宛に送られた幸徳の獄中の資料について付け加えたいことがある。それは三人の弁護人のうち、筆頭の宛名人になっている磯部四郎のことであるが、当時、磯部は弁護士界における地位から自然に弁護団長のような形になった。磯部四郎は一八五一（嘉永四）年、旧富山藩士の家に生まれたが、明治に入り、司法省派遣の第一回留学生としてパリ大学に学び、一八七八（明治一一）年に帰国、翌年判事に任官され、民法編纂委員として活躍した。実は一八九〇（明治二三）年に第一回衆議院議員選挙に富山県から選出されたが、国会前に大審院判事への招聘を受けて辞職している。磯部に関する文献については、木々康子の『陽が昇る時』、『蒼龍の系譜』が詳しいが、磯部の研究者としては高岡法科大学で「磯部四郎とその法律学―近代法学黎明期を歩んだ人々―」として、谷口貴都が『高岡法科大学紀要』に連載で磯部の歩みを詳しく書き遺した（谷口は二〇一一・平成二三年に病気のため死去）。谷口は「磯部四郎は日本で初めて刑事弁護制度を主唱した人物として銘記されなければならない」[23]と述べているが、この言葉に象徴されるように、木々康子は二〇〇五（平成一七）年一二月一〇日、高岡法科大学で開催されたシンポジウム「富山が生んだ法曹界の巨人　磯部四郎」で次のように報告した。

明治二五年、大審院判事を辞して弁護士になった磯部は、明治四三年の「大逆事件」の弁護を引き受けた。弁護依頼が来たとき、彼は三日三晩徹也して、膨大な記録を読んだという。そして被告たちの冤罪を確信した。家永教授（引用者注：家永三郎教授のこと。歴史学者、専門は思想史）も「磯部は大逆事件のような、人がしりごみするような国事犯の弁護も快く引き受けた」と驚き、その理由は〝官僚だった頃は出来ないことで、在野法曹になったからだ〟と単純に結論づけているが、この時、東京弁護士会は被告たちの冤罪を知りながら、ついに弁護士会として声を挙げることは、一切なかったのである。ちなみにその前年の「日比谷騒乱事件」のとき、東京弁護士会々長だった磯部は、民衆に対して暴行を行った警察官を訴追すべき、と再三にわたって要求している。[24]

青年時代の磯部四郎　出所：平井一雄・村上一博編『日本近代法学の巨擘　磯部四郎研究』信山社、2007

木々はまたこのシンポジウムの報告の中で、磯部が一八七八（明治一一）年にパリから帰国、翌年判事に任官された年に治罪法制定委員会に「『高（たか）』が財産の争いに過ぎない民事訴訟に代言人（弁護士）の依頼を許しながら、人間の生命、名誉を左右する刑事訴訟に代言人の弁護を許さないのは治罪法の一大欠陥だ』として『刑事弁護制度』の意見を上申した。だが、『悪人を弁護するとは何事か』と直ちに否決された。しかし磯部に賛同したボアソナード（一八七三・明治六年から、政府顧問となったフランス人法学者）によって、翌年、刑事弁護制度は実現した。木々は「彼（引用者注：磯部四郎）の『日本治罪法講義』を読むと、『無実の良民を嫌疑のために牢獄に繋いではならない』『無実の者を罰しないために』と繰り返し、人権に対する並々ならぬ擁護を示している。これが彼の一生を貫いた信条だったのである[25]」と報告、さらに、磯部が『仏国民法証拠篇講義』の中で「・・・例えば、〃人は自由なり〃と言う一文章はその字数からすると、実に短いが、この一文の真の意味を社会に知らせるために、数世紀の間に犠牲とした人間の血は、これを集めれば大河ともなるだろう」と記していることも紹介した[26]。

一九二三（大正一二）年九月一日、関東大震災の日、陸軍省被服廠跡（ひふくしょうあと）に避難した磯部四郎は、未曽有の大災害の犠牲となった[27]。

一九一一（明治四四）年一月一八日、「大逆事件」判決のその日、大審院特別法廷の公判が開かれ、鶴丈一郎裁判長は、起訴された二六人の被告のうち、有期刑とした二人以外の二四人に死刑を宣告した。死刑となった管野須賀子の当日の獄中記「死出の道艸」を続ける。

> 私は不運なる相被告に對して何か一言慰めたかった。然し餘りに憤慨の極、咄嗟（とっさ）に適當な言葉が出て来なかった。「驚いた無法な裁判だ」と、獨り繰返す外は無かった。
> と突然編笠は私の頭に乗せられた。入廷の逆順に私が第一に退廷させられるのである。私は立上がった。噫（ああ）、我が友、再び相見る機會の無い我が友、同じ絞首臺に上さるる我が友、中には私達を恨んで居る人も有らう。然し兎にも角にも相被告として法廷に並んだ我が友である。さらば、二五人の人々よ。さらば二五人の犠牲者よ。さらば！

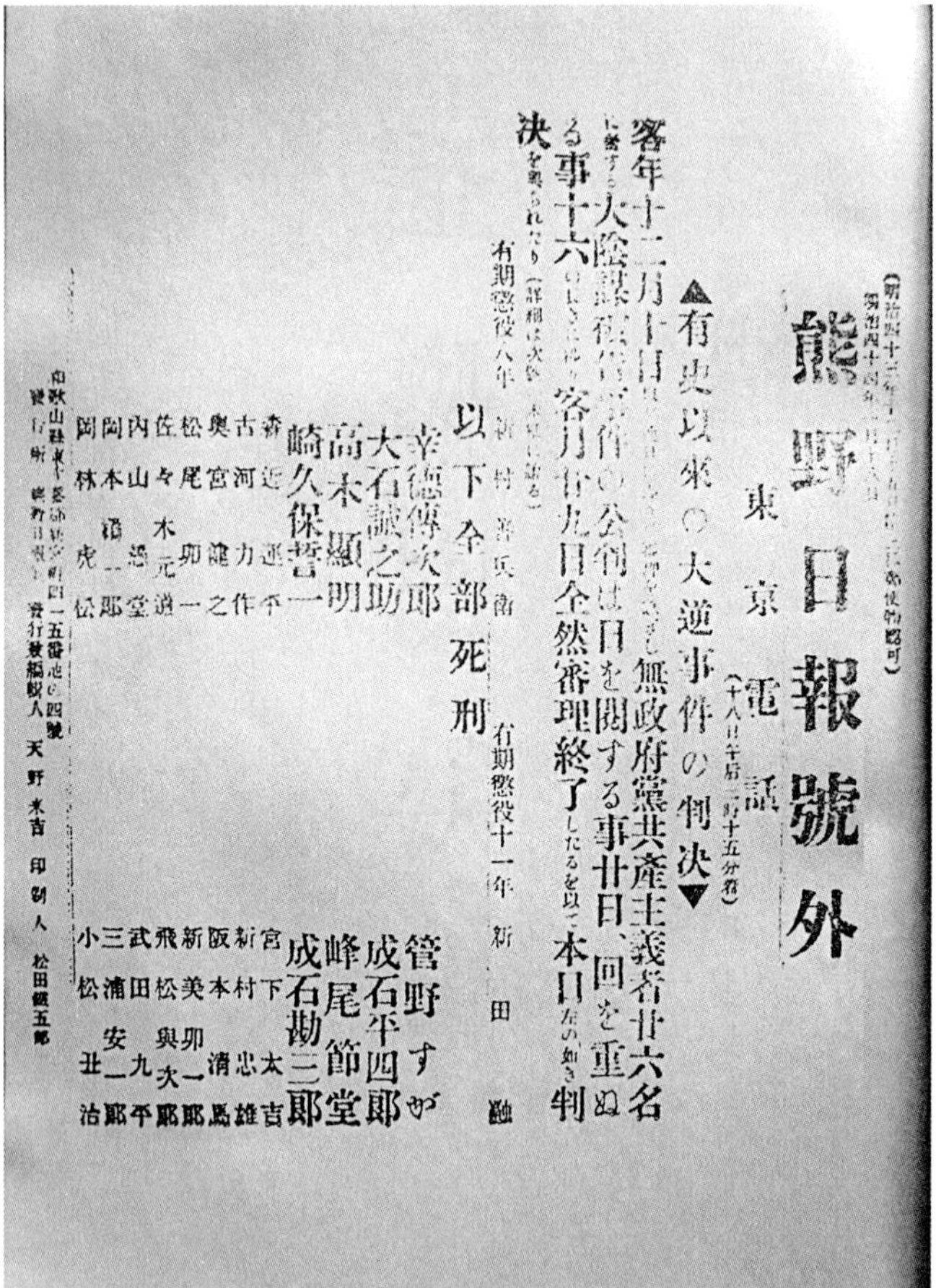

熊野日報號外

東京電話（十八日午后一時十五分着）

▲有史以來の大逆事件の判決▼

客年十二月十日[illegible]無政府黨共産主義者廿六名に關する大陰謀[illegible]事件の公判は日を閲する事廿日、回を重ぬる事十六[illegible]客月廿九日全然審理終了したるを以て本日左の如き判決を與へられたり（詳細は次[illegible]に譲る）

有期懲役十一年　新田融

有期懲役八年　新村善兵衛

以下全部死刑

幸徳傳次郎　大石誠之助　高木顕明　崎久保誓一　管野すが　成石平四郎　峰尾節堂　成石勘三郎

森近運平　古河力作　奥宮健之　松尾卯一太　佐々木道元　内山愚童　岡本穎一郎　岡林寅松

宮下太吉　新村忠雄　坂本清馬　新美卯一郎　飛松與次郎　武田九平　三浦安太郎　小松丑治

和歌山縣東牟婁郡新宮町四一五番地の四號　發行所　熊野日報社　發行兼編輯人　天野米吉　印刷人　松田鐵五郎

『熊野日報』号外　1911(明治44)年1月18日付け

出所：神崎清編『大逆事件記録　第1巻　新編獄中手記』世界文庫、1971

「皆さん左様なら」

私は僅かこれ丈けを言ひ得た。

「左様なら・・・・」

「左様なら・・・」

太い聲は私の背に返された。私が法挺を［五、六歩出ると―抹消］出たあとで、

「萬歳ー」

［と叫ぶ―抹消］叫ぶ聲が聞えた。[28]

引用文献

［1］神崎清編『大逆事件記録　第一巻　新編獄中手記』世界文庫、一九七一
［2］堺利彦『赤旗事件の回顧』インプレスR&D、二〇一七
［3］大杉栄らの墓前祭実行委員会『沓谷だより』二〇二三年一二月一六日最終号
［4］専修大学今村法律研究室編『大逆事件と今村力三郎』専修大学出版局、二〇〇二
［5］専修大学今村法律研究室編『大逆事件と今村力三郎』専修大学出版局、二〇〇二
［6］専修大学今村法律研究室編『大逆事件と今村力三郎』専修大学出版局、二〇〇二
［7］渡辺順三遍、江口渙解説『十二人の死刑囚ー大逆事件の人々ー』新興出版社、一九五六
［8］神崎清『革命伝説　大逆事件一　黒い謀略の渦』子どもの未来社、二〇一〇
［9］神崎清『実録　幸徳秋水』読売新聞社、一九七一
［10］辻本雄一「人権ブックレット第一六号『大逆事件』と熊野新宮の犠牲者たち」和歌山人権研究所、二〇一〇

[11]「大逆事件」一〇〇年フォーラム　in　新宮実行委員会『闇を翔る希望』二〇一一
[12] 二〇〇三（平成一五）年七月二七日付け『南紀州新聞』
[13] 中村文雄『大逆事件の全体像』三一書房、一九九七
[14] 神崎清編『大逆事件記録　第一巻　新編獄中手記』世界文庫、一九七一
[15] 神崎清編『大逆事件記録　第一巻　新編獄中手記』世界文庫、一九七一
[16] 平出修『定本　平出修集』春秋社、一九六五
[17] 平出修『定本　平出修集』春秋社、一九六五
[18] 神崎清編『大逆事件記録　第一巻　新編獄中手記』世界文庫、一九七一
[19] 神崎清編『大逆事件記録　第一巻　新編獄中手記』世界文庫、一九七一
[20] 平沼騏一郎「祖国への遺言」『改造』一九五三年五月号、改造社
[21] 塩田庄兵衛・渡辺順三編『秘録　大逆事件』（下）、春秋社、一九六一
[22] 神崎清編『大逆事件記録　第一巻　新編獄中手記』世界文庫、一九七一
[23] 谷口貴都「磯部四郎とその法律学（一）—近代法学黎明期を歩んだ人々—」『高岡法科大学紀要』第一四号、二〇〇三
[24] 木々康子「磯部四郎と林忠正」『高岡法学』第一七巻一・二合併号、二〇〇六
[25] 木々康子「磯部四郎と林忠正」『高岡法学』第一七巻一・二合併号、二〇〇六
[26] 木々康子「磯部四郎と林忠正」『高岡法学』第一七巻一・二合併号、二〇〇六
[27] 谷口貴都「磯部四郎とその法律学（一）—近代法学黎明期を歩んだ人々—」『高岡法科大学紀要』第一四号、二〇〇三
[28] 神崎清編『大逆事件記録　第一巻　新編獄中手記』世界文庫、一九七一

参考文献

(1)神崎清編『大逆事件記録　第一巻　新編獄中手記』世界文庫、一九七一
(2)大逆事件記録保存会編『大逆事件記録第二巻　証拠物写』世界文庫、一九七二
(3)大逆事件記録保存会編『大逆事件記録第三巻　証拠物写』世界文庫、一九七二
(4)渡辺順三『幸徳事件の全貌』一九四七
(5)渡辺順三遍、江口渙解説『十二人の死刑囚―大逆事件の人々―』新興出版社、一九五六
(6)宮武外骨編『幸徳一派　大逆事件顛末』龍吟社、一九四六
(7)吉川守圀『荊逆星霜史』青木書店、一九五七
(8)神崎清『実録　幸徳秋水』読売新聞社、一九七一
(9)吉村昭『関東大震災』文藝春秋、二〇一四
(10)専修大学今村法律研究室編『大逆事件』(一)、専修大学出版局、二〇〇一
(11)専修大学今村法律研究室編『大逆事件』(二)、専修大学出版局、二〇〇二
(12)専修大学今村法律研究室編『大逆事件』(三)、専修大学出版局、二〇〇三
(13)専修大学今村法律研究室編『大逆事件と今村力三郎』専修大学出版局、二〇一二
(14)濱畑榮造『大石誠之助小伝』荒尾成文堂・成江書店・宮井書店、一九七二
(15)辻本雄一『熊野・新宮の「大逆事件」前夜』論創社、二〇一四
(16)辻本雄一「人権ブックレット第一六号『大逆事件』と熊野新宮の犠牲者たち」和歌山人権研究所、二〇一〇
(17)「大逆事件」の犠牲者を顕彰する会『九〇年を経て』二〇〇一
(18)吉岡金市『神通川水系鉱害研究報告書―農業鉱害と人間鉱害―(イタイイタイ病)』私家版、一九六一
(19)森長英三郎『日本弁護士列伝』社会思想社、一九八四

(20) 平井一雄・村上一博編『日本近代法学の巨擘　磯部四郎研究』信山社、二〇〇七
(21) 木々康子『陽が昇るとき』筑摩書房、一九八四
(22) 木々康子『蒼龍の系譜』筑摩書房、一九七六
(23) 谷口貴都「磯部四郎とその法律学―近代法学黎明期を歩んだ人々―」(一)～(四)『高岡法科大学紀要』第一四号(二〇〇三)～第一六号(二〇〇五)、第一九号(二〇〇八)
(24) 塩田庄兵衛・渡辺順三編『秘録　大逆事件』(上)、春秋社、一九六一
(25) 塩田庄兵衛・渡辺順三編『秘録　大逆事件』(下)、春秋社、一九六一
(26) 磯部四郎『仏国民法証拠篇講義』明治法律学校講法会、一八九一
(27) 幸徳秋水全集編集委員会編『大逆事件アルバム　幸徳秋水とその周辺』明治文献、一九七二
(28) 上田穣一・岡本宏編『大逆事件と「熊本評論」』三一書房、一九八六

第三章 明治の「泊・横浜事件」か、昭和の「大逆事件」か

その一　五〇年目の「大逆事件」再審請求

「大逆事件」の真実を明らかにする

第二章その三で詳細に述べたように、「大逆事件」は一九一一（明治四四）年一月一八日、判決言渡し、全員有罪で、二名の有期懲役のほか二四名はことごとく死刑判決、一月一九日夜半、「天皇の恩赦」で坂本清馬ら一二名は無期懲役となった。判決言渡しから一週間の一月二四日、秋水ら一二名が死刑執行（管野須賀子は二五日）された。

無期懲役に減刑された一二名は、秋田・千葉・長崎（諫早）刑務所に移され服役した。各刑務所に服役したその後が痛ましい。高木顕明は一九一四（大正三）年六月、秋田監獄で縊死、三浦安太郎は一九一六（大正五）年五月、長崎監獄で狂死、岡本穎一郎は一九一七（大正六）年七月、同じく長崎監獄で病死、峯尾節堂は一九一九（大正八）年三月、千葉監獄で病死した。

生き残った七名のうち、飛松与次郎が約一五年の獄中生活のあと仮出獄したのをはじめとして、崎久保誓一、成石勘三郎、武田久平、岡林寅松、小松丑治、そして一九三四（昭和九）年一一月の坂本清馬を最後にそれぞれ仮出獄した。

しかし、運命は苛酷である。仮出獄した成石、武田は出獄後間もなく死亡、敗戦後まで生き続けた五名のうち、小松は一九四五（昭和二〇）年、敗戦後すぐに亡くなった[1]。

敗戦と日本国憲法制定に伴う天皇制度の変更によって時代は大きく動こうとしていた。戦後になって生き残っていた坂本清馬、崎久保誓一、飛松与次郎、岡林寅松の四人は不安定な生活ながら動き出した。一九四六（昭和二一）年、新憲法の発足により、坂本、崎久保、飛松、岡林の四人は特赦を受け復権したが、これはあくまで特赦であり、一九一一（明治四四）年一月一八日の判決である「大逆罪」の罪が無実になったわけではない。だから特赦といえども当然、名誉や損害を回復してくれることにはつながらない。四人の要求はあくまで再審請求をして無罪判決を勝ち取ることである。四人のうち中でも坂本は秋田監獄以来、再審請求に執念を燃やしていた。もちろん、被告人だった坂本ら以外でも、この事件の弁護にあたった今村力三郎をはじめ、戦後いちはやく『幸徳事件の全貌』を世に著した渡辺順三や『大逆事件記録』を発表した神崎清らも真実追求に力を尽くしてきた。

「大逆事件」から五〇周年が近くなった一九六〇（昭和三五）年二月、当時の高知県選出参議院議員・坂本昭（のちの高知市長）が中心となり「大逆事件の真実をあきらかにする会」が結成された。「泊・横浜事件」の木村亨もこの会に加わった。実質、この会が再審請求の母体となっていったが、被告人の出身地でも、例えば高知では幸徳秋水の顕彰の会、岡山では森近運平顕彰の会が結成されていったのである。

一九六一（昭和三六）年一月一八日、原判決から五〇年目のその日、坂本清馬と森近運平の妹・森近栄子（ひでこ）によって、「大逆事件」再審請求が東京高等裁判所へ出された。この時「大逆事件」に連座した二六被告のうち、生存していたのは坂本清馬ただ一人であった。

『大逆事件と熊本評論』を主な参考文献にしながら坂本の個人史に触れてみたいが、なにしろ坂本は『幸徳事件の全貌』や『実録　幸徳秋水』など、「大逆事件」の全体像に迫る記録では存在感が薄い。坂本の生まれは四国・室戸岬に近い高知県安芸郡室戸町（現・高知県室戸市）、土佐のいごっそう（土佐弁で「快男児」のこと）の血を亨けたきかん気の青年だったとのことだが、高知市の県立中学を中退し上京、各種の労働を体験しながら社会主義、無政府主義に関心を抱き、特に幸徳秋水の『社会主義神髄』に深い感銘を覚えた。秋水は坂本の父の出生地、高知県中村町出身だった。上京中、一九〇七（明治四〇）年の足尾暴動に強い衝撃を受け、しばらく秋水の家に住みこんで書生を務めたりし、本格的に社会主義者としての道を歩み始めた。坂本は秋水の金曜会グループが弾圧を受けた時に投獄された経験を持つ。[2]

その後、坂本は一九〇七（明治四〇）年創刊の『熊本評論』に招かれ、一九〇八（明治四一）年から『熊本評論』の後継紙『平民評論』（一九〇九・明治四二年創刊）を含めて健筆を振るうことになる。『熊本評論』刊行の中心人物であった松尾卯一太、新美卯一郎は「大逆事件」の判決で死刑となり、刑場の露と消えたが、坂本もこの熊本グループの一員として佐々木道元や飛松与次郎らとともに判決翌日の特赦で無期懲役となっている。

坂本清馬（1957・昭和32年撮影）
出所：塩田庄兵衛・渡辺順三『秘録大逆事件』（下巻）、春秋社、1961

それにしてもこの熊本グループもそうであるが、松尾、新美をはじめ、坂本らを含めて、天皇暗殺計画という「大逆事件」につながるものは、どれだけ資料を読み進んでも見つからない。強いていえば、

熊本評論

寄附金募集

申込所　熊本評論社

赤旗事件で寄付金募集を訴えた『熊本評論』、1908（明治41）年7月20日付け第27号
出所：上田穣一・岡本宏編著『大逆事件と「熊本評論」』三一書房、1986

長野県明科製材所の宮下太吉ら三〜四人が関わったとされる「信州爆発物取締罰則違反」事件が唯一の手がかりといえば手がかりだが、それとてどこまで具体性があったのか、やや幻想的な暗殺計画である。坂本などは、秋水と起居をともにしていた東京時代に、秋水から管野須賀子との仲を疑われ、それ以来、秋水とは一切の縁を断っていた。そして「大逆事件」の時は「浮浪罪」で拘引されたが、起訴は「大逆罪」だった。

ところで「大逆事件」再審請求請求人は坂本清馬と森近運平の妹・森近栄子であったが、森近栄子の参加は、森近運平の研究家・吉岡金市（よしおかきんいち）の口添えによるもので、栄子は喜んで参加したという[3]。

神崎清編『大逆事件記録』にある多くの獄中日記から、捏造された「大逆事件」の、ある意味で最もいたましい犠牲者の一人である森近運平のことに触れておきたい。森近運平については第二章その三で述べたように、『大阪平民新聞』を創刊、廃刊となった日刊『平民新聞』の後継をめざして『日本平民新聞』としたが、二三号で廃刊となった。「回顧三〇年」と題した森下の獄中日記を記述する。

> 明治四四年一月一八日午後二時、大審院特別刑事部に於て、前古未曽有の判決が言渡された。私も被告人の一員として、他二三人と共に死刑の言渡を受けたのである。
>
> 實際の處、私は多分無罪の判決を得る事と思ふて居たのである。併し茲に一言を費やして置かねばならぬのは、自分が罪なしと思った事と裁判官が死に當ると断じ縊た事は、一見妙に感ぜられるかも知らぬが、其實は両者の立場が違ふのであって、矛盾でもなく衝突でもない、併立し得べき二個の眞實と云ふの一事である。而して其結果は裁判官の眞實が被告の眞實を壓倒する。茲に現時の国家組織の特色を發揮するのである。私は斯のごとくにして死なねばならぬ。[4]（以下略）

実は筆者が森下運平について初めて知ったのは、「大逆事件」に関心を持ち、調査を始めたのがきっかけではない。いささか個人的関心がからむのは恐縮だが、日本の公害病認定第一号となったイタイイタイ病を調べはじめたおよそ五〇数年前、イタイイタイ病原因究明の過程にあってカドミウム特定の道筋に至る疫学的研究に多大なる貢献した農学・経済学

森近運平　出所：幸徳秋水全集編集委員会編『大逆事件アルバム　幸徳秋水とその周辺』明治文献、1972

博士、吉岡金市（一九〇二—一九八六）を知ってからである。吉岡は一九六一（昭和三六）年に『神通川水系鉱害研究報告書—農業鉱害と人間鉱害—（イタイイタイ病）』を発表、萩野昇、小林純らの協力のもとにイタイイタイ病カドミウム原因説を公式に明らかにした公害学者でもあった。

その吉岡の著作物を調べているなかで出会ったのが吉岡の著になる『森近運平—大逆事件の最もいたましい犠牲者の思想と行動—』であった。そしてこの著が発刊されたのが、なんと一九六一（昭和三六）年となっている。農学・経済学博士、吉岡はなにゆえ「大逆事件」で刑死となった森近について書き記そうとしたのか、一九六七（昭和四二）年に『森近運平—大逆事件の最もいたましい犠牲者の思想と行動—』を読み、そのあとがきで森近と吉岡の因縁について知った。吉岡のあとがきには次のように記されている。

吉岡金市（1970年、金沢経済大学学長時代）　出所：吉岡金市『日本農業の機械化』農山漁村分科会、1979

わたくしが森近運平の伝記をかかねばならないと思いたってから四〇年！それを大逆事件五〇周年記念日にまにあうように、ようやくかきあげました。森近運平とわたくしとは、同郷・同窓・同学という因縁の外に、彼が自然科学と社会科学を統一したすぐれた理論家であり、理論と実践を統一した人道主義的な社会活動家であったというところに、特別の感心を払っていました。その彼が大逆事件の最もいたましい犠牲者であるにもかかわらず、大逆事件の研究家から、甚だしく疎外されてきていました。これは悪意あってのことではないにしても、放っておけないことでした。「事件の真相は後世史家があきらかにしてくれる」と遺書にかいた森近に対しても、これはまことに相すまないことだと思って、わたくしは、わたくしに可能な限りの努力を、この評伝のために注いできたわけです。[5]

森近運平は一八八一（明治一四）年、岡山県後月（しつき）郡高屋（たかや）村（現・岡山県井原（いばら）市高屋町）に産まれた。岡山県立農事研究所を卒業後、岡山県職員を経て、日本社会党の結成に参加したり、『大阪平民新聞』を創刊して社会主義運動に加わるが、幸徳秋水らとの意見対立もあり、岡山に帰郷、温室栽培などの農業改良運動に従事していた。[6] 吉岡も井原市の出身で、日本農業の機械化をはじめ、日本農業の近代化に取り組んだ。吉岡らの力で森近の獄中歌を刻んだ石碑が故郷に建立されたのは森近の刑死から五〇年に当たる一九六一（昭和三六）年であった。

イタイイタイ病の原因究明にも尽力した吉岡のことを書きながら、第二章その一の初めに書いた足尾鉱毒事件のことが重なってくる。足尾鉱毒事件はまぎれもなく日本の公害、あるいは鉱害そのものの原点と位置づけられるが、イタイイタイ病の発生源となった神岡鉱山の開発も足尾鉱山とほぼ時代をともにしながら歩んできたことを見逃すわけにはいかない。

そもそも足尾鉱山も神岡鉱山も明治維新以後、日本の近代の始まりを担った主要な鉱山であり、富国強兵、殖産興業の犠牲となった民衆の姿は、田中正造が天皇に直訴した国の姿勢批判そのものであった。明治から現代まで、もう一方の公害であるイタイイタイ病は三世紀を経てどこまで解決したというのであろうか。

請求人についての紹介が長くなったが、一九六一（昭和三六）年一月一八日、「大逆事件」に連座したただ一人の生存者、坂本清馬と死刑で処刑された森近運平の実妹・森近栄子は、鈴木義男（一九六三・昭和三八年死亡）、森長英三郎、海野晋吉、森川金寿（筆者注：第二章その三で紹介した森川文人弁護士の父）ら一〇人の弁護人を代理人として「大逆事件再審請求の申立て」を東京地方裁判所に提出した。

神岡鉱山と神岡鉱業　2019（令和元）年10月　向井嘉之撮影

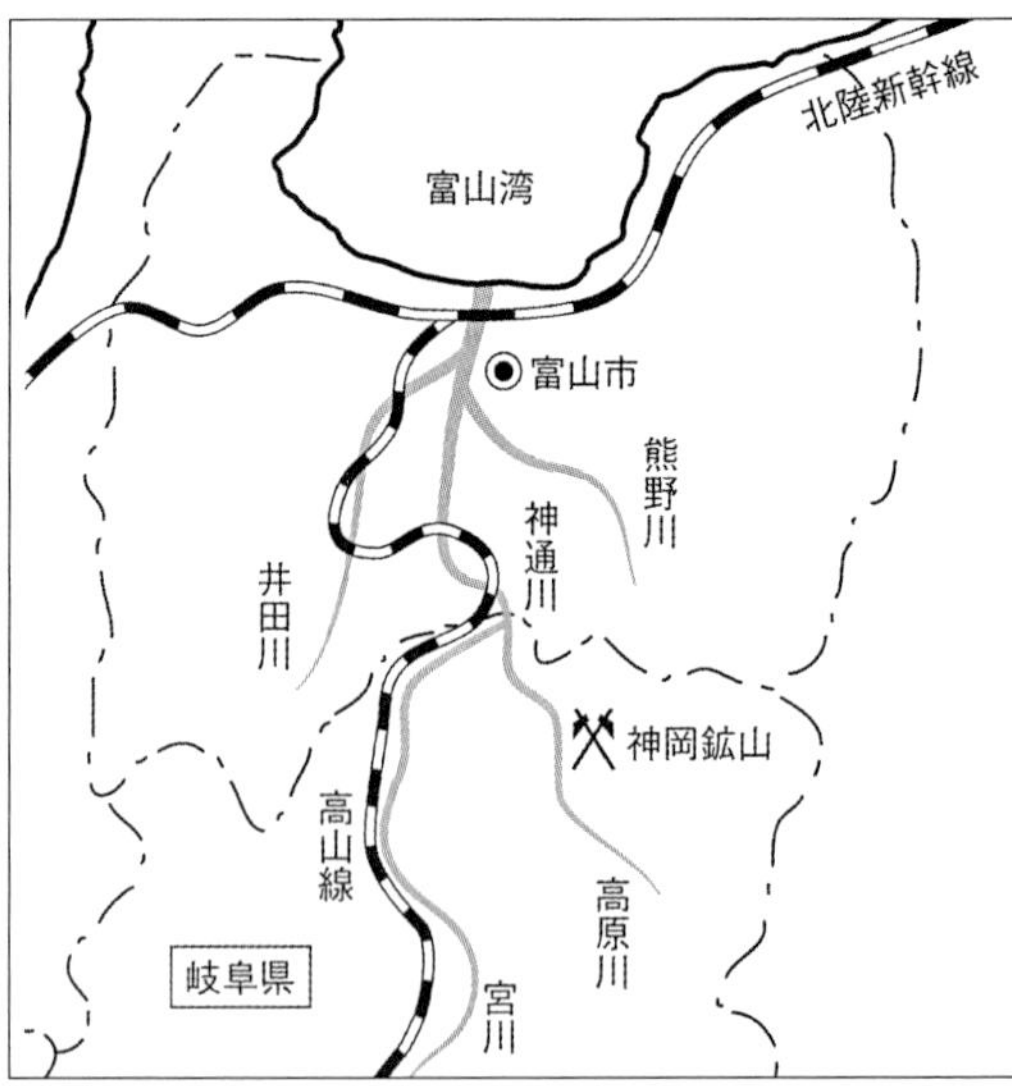

神岡鉱山の位置　永井真知子作成

このあたりの経緯については『大逆事件アルバム　幸徳秋水とその周辺』の記述を要約するが、「大逆事件の真実をあきらかにする会」に参加していた神崎清や塩田庄兵衛、吉岡金市らは新証拠の収集に協力、新証拠は合わせて一〇八点にのぼった。また、再審請求書を提出する時には、東京で「大逆事件五〇周年講演会」が開かれ、荒畑寒村や広津和郎（ひろつかずお）らが演壇に立った。

審理は一九六三（昭和三八）年九月の坂本の尋問から始まり、東京では荒畑寒村や神崎清の尋問が行われた。翌一九六四（昭和三九）年一月には、裁判所、検事の一行が岡山県井原市へ出張し、森近の自宅で栄子請求人を尋問したほか、森近が指導した果樹園を見たりした。[7]

この再審請求の審理で弁護団が最も力を注いだのが、「大逆事件」における事実とされていた一九〇八（明治四一）年一一月、東京の巣鴨平民社で、秋水が森近運平、新宮の大石誠之助と会い、あらたに日を変えて熊本の松尾卯一太と謀議をし、「『決死の士』を募り、爆発物と凶器をもって暴力革命を企て、大逆を犯すべく宮城をおそう」という、いわゆる架空の一一月謀議説を粉砕し事実無根であることを明らかにすることにあった。このことについて筆者は第二章その三で大逆事件の平出修弁護士の意見書「刑法第七三条に関する被告事件弁護の手控え」を掲載し、この一一月謀議なるものが本当にあったならば、大石、幸徳をはじめ、被告人すべてに何らかの規律、首尾なり照応ある行動で出ねばならぬはずであると、謀議を一蹴した平出の意見を引用した。

一九〇八（明治四一）年一一月に、幸徳秋水を中心に暴力に与する謀議があったかどうかの件については、「大逆事件」起訴時でも最大の問題で、『秘密　大逆事件』（下）にも幸徳や大石の予審尋問で厳しく問答が行われているし、『大逆事件記録　獄中手記』で幸徳は以下のように書いている。

然るに、連日の御調べに依て察するに、多數被告は、皆な「幸徳の暴力革命に與せり」といふことで」、公判に移されたやうです。私も豫審廷に於て、幾回となく暴力革命云々の語で訊問され、革命と暴動との區別を申立てて、文字の訂正を乞ふのに非常に骨が折れました。名目はいづれでも良いではないかと、と言はれましたが、多數の被告は、今や此名目の為めに苦しんで居ると思はれます。

私の眼に映じた處では、検事・豫審判事は、先づ私の話に「暴力革命」てふ名目を附し、「決死の士」などいふ六ヶしい（引用者注：難しいという意味）熟語を案出し、「無政府主義の革命は、皇室をなくすることである。幸徳の計画は、暴力で革命を行ふのである。故に之に與せる者は、大逆罪を行はんとしたものに違ひない」という三段論法で、責めつけられたものと思はれます。そして、平素直接行動・革命運動などいふことを話したことが、彼等を累して（引用者注：関わり合いを持つこと）居るといふに至っては、實に気の毒に考へられます。[8]

この一節は第二章その三で、担当弁護人の磯部四郎、花井卓蔵、今村力三郎の三人に幸徳が獄中から出した長い「陳弁書」の後半の部分でもあるが、「暴力革命」という語はまさに検事局あるいは予審廷で発明され、大逆陰謀の発端として捏造されたものに違いない。恐るべきことに「大逆事件」とは、宮下らによる「信州爆発物取締罰則違反」事件を手がかりに、幸徳らによる架空の謀議をでっちあげ、「一大陰謀事件」につくりあげた、まさに国家による計画的犯罪であった。そのために社会主義ないし無政府主義思想を持っていたものをトップに据え、単にその考えの同調者やその思想の話を聞いただけという参加者までもが、「逆徒」と位置づけられ検挙されていった。大石をはじめとする紀州グループ、森近を中心とする大阪グループ、そして松尾、新美の熊本グループなど全てが一つの「大逆罪」にしかけられた。そして再審裁判請求人の坂本清馬は架空の一一月謀議説を、当時、書生として秋水方に同居していたために「共同謀議」に参加したとでっちあげられたのである。

一九六五（昭和四〇）年一月二〇日、大内兵衛、我妻栄、宮沢俊義、大河内一男、南原繁の五人の学者は再審裁判を担当していた東京高等裁判所第一刑事部の長谷川成二裁判長に対し、「非公開の秘密裁判のなかに閉鎖され、ながい間歴史の謎とされていたこの大逆事件も、時代の進展にともない、新資料の発見と学問的研究により、次第にその真実の姿をあらわすようになってきました。新憲法下において、国民の基本的人権救済の道を開いた再審制度のおもい意義を考え、司法権独立の権威をたかめ、かつ国民の疑惑をとくために、英知と勇断とをもって再審開始の決定をくだされるよう」要望書を提出した。[9]

一九六五（昭和四〇）年一二月一〇日、同月一日付けで東京高裁は両請求人の再審請求を棄却した。坂本、森近両請求人は、この決定を不服として、一二月一四日、ただちに「特別抗告手続」をとった。ところがこの再審請求の裁判では奇怪なことに、提出証拠資料の十分な精査も得ず、五人の裁判官の「合議」なしで「再審棄却の決定」を強行したことが判明した。

「大逆事件」再審請求「特別抗告事件」はその後、一九六六（昭和四一）年九月二〇日、最高裁小法廷

は「右事件は、大法廷において審理・裁判すべきものと認める」決定を行い、本件「特別抗告事件」は最高裁判所大法廷に移された[10]。

一九六七（昭和四二）年七月五日、最高裁判所大法廷は、東京高裁の「決定」を「有効」（違憲ではない）と判断、本件「特別抗告事件」を棄却した。そこには一人の少数意見も付されていなかった。「大逆事件」のでっちあげは全く認められず、不法の苦しみを受けた被告人や遺族の苦しみは、五六年を経てもさらに無視された。

しかし、「大逆事件の真実をあきらかにする会」が再審請求の母体となり、「大逆事件」の解明が深められることになった意義は極めて大きかった。

名誉回復への呼びかけ

当時の高知県中村市では「あきらかにする会」とは別に地元で秋水の理解者を増やそうと「幸徳秋水研究会」が立ち上がり、この会が二〇〇〇（平成一二）年に多くの市民が参加しやすいようにと「幸徳秋水を顕彰する会」に拡大された。顕彰会では結成直後から市内の婦人会や商工会議所など二六団体に秋水の名誉回復と顕彰を呼びかけ、二〇世紀最後にあたる二〇〇〇（平成一二）年一二月、中村市議会は全会一致で「幸徳秋水を顕彰する決議」を採択した。

一方、この決議は翌年、和歌山県新宮市議会に波及、二〇〇一（平成一三）年九月二一日、「大逆事件」の地元の犠牲者、紀州・新宮グループの六人の名誉を回復し顕彰する宣言が採択された。一九一一（明治四四）年一月一八日の判決から九〇年を経ての名誉回復宣言だった。当日の新宮市議会で佐藤春陽市長は追加議案として「大逆事件の熊野の犠牲者たちの名誉を回復し、顕彰することを宣言する」との決議案を朗読した。

宣言は

大逆事件を軍国主義が進む中での自由主義者、社会主義者への弾圧事件とし、「紀州・新宮グループ」の六人はその犠牲者である、としたうえで、「彼等は、この熊野という風土の開明性のなかで育ち、平和、平等、非戦を唱えた私たちの先覚者であった。今、闇に閉ざされてきた郷土の誇るべき先覚者たちの名誉を回復し、顕彰する」としている。[11]

「大逆事件」で紀州・新宮グループの六人が名誉回復宣言を受けてから二〇年近い月日が流れた二〇一八（平成三〇）年は、明治維新から一五〇年という時代の大きな節目であった。この年初の一月一九日、和歌山県新宮市議会が、「大逆事件」に連座して処刑された新宮市出身の医師・大石誠之助を名誉市民にすると発表した。筆者も少々の驚きとこの決定への大きな敬意をもってニュースに接した。大石誠之助は地元での医療に尽くしたのはもちろん、反戦・反差別を主張した自由主義者としても知られ、人権、平和思想を貫いた人であったが、「大逆事件」に連座し処刑、以来一〇七年ぶりの復権だった。

大石の命日にあたる二〇一八（平成三〇）年一月二四日、新宮市の田岡実千年（たおかみちとし）市長は、遺族代表の大石のおいの孫、立花利根（たちばなとね）（当時八一歳）に表彰状を送った。

今回の大石の名誉市民推挙は、新宮市議会の議員有志からの提案であったが、名誉市民推挙の議案

大逆事件

紀州・新宮グループ6人

名誉回復宣言を決議

満場一致で新宮市議会

【新宮】21日の新宮市定例議会最終日で、佐藤春陽市長は追加議案として「大逆事件の熊野の犠牲者たちの名誉を回復し、顕彰することを宣言する」との決議案を朗読。3議員が賛成討論をしたあと、午後1時15分、満場一致で可決された。

宣言は、大逆事件を軍国主義が進む中での自由主義者、社会主義者への弾圧事件とし、「紀州・新宮グループ」の6人をその犠牲者である、としたうえで、「彼らは、この熊野という風土の開明性の中で育ち、平和、平等、非戦を唱えた私たちの先覚者であった。今、やみに閉ざされてきた郷土の誇るべき先覚者たちの名誉を回復し、顕彰する」としている。

市長発言に続いて、議員3人が賛成討論をした。

同事件の名誉回復については、8月31日に民間組織「『大逆事件』の犠牲者を顕彰する会」（代表・二河通夫市立図書館長）が、佐藤市長と市議会（松本哲也議長）に「紀州・新宮グループ」6人の顕彰を要望する陳情書を提出していた。

大逆事件の紀州・新宮グループの名誉回復・顕彰の決議案を朗読する佐藤春陽・新宮市長
（21日午後1時、新宮市議会で）

『紀伊民報』　2001（平成13）年9月22日付け

を提出した上田勝之議員は、「（前略）誠之助に名誉市民の称号を贈ることは、ある意味、国家の非をただすことにほかなりません。中央より遠く離れた人口三万人足らずの小さな町が新宮です。巨大な国家権力を前に国家の非をただす、これこそ新宮の矜持（きょうじ）というものではないでしょうか。国家に対し物を申すということは少し勇気が要ります。でもその少しばかりの勇気こそふるさとの心であり、人の情けであるのでありますᅟ[12]」と述べ、「新宮市が今、最も大切にしなければならないもの、それは何か、私は人権を守ることだと考えます[13]」と強調した。

新宮市では、これまで佐藤春夫や中上健次らが名誉市民の称号を贈られている。刑死者が名誉市民に復権したということの意味は、国家の非をただした地方の声として胸に刻んでいきたいものだ。

引用文献

［1］大原慧『幸徳秋水の思想と大逆事件』青木書店、一九七七
［2］上田穣一・岡本宏編著『大逆事件と「熊本評論」』三一書房、一九八六
［3］幸徳秋水全集編集委員会編『大逆事件アルバム　幸徳秋水とその周辺』明治文献、一九七二
［4］神崎清編『大逆事件記録　第一巻　新編獄中手記』世界文庫、一九七一
［5］吉岡金市『森近運平―大逆事件の最もいたましい犠牲者の思想と行動―』日本文教出版、一九六一
［6］上田穣一・岡本宏編著『大逆事件と「熊本評論」』三一書房、一九八六
［7］幸徳秋水全集編集委員会編『大逆事件アルバム　幸徳秋水とその周辺』明治文献、一九七二
［8］神崎清編『大逆事件記録　第一巻　新編獄中手記』世界文庫、一九七一
［9］大原慧『幸徳秋水の思想と大逆事件』青木書店、一九七七
［10］大原慧『幸徳秋水の思想と大逆事件』青木書店、一九七七
［11］二〇〇一（平成一三）年九月二一日付け『紀伊民報』
［12］福井敬「和歌山県新宮市における大石誠之助の名誉回復運動」https://rirc.or.jp/media/pdfs/fukui_202211.pdf
［13］福井敬「和歌山県新宮市における大石誠之助の名誉回復運動」https://rirc.or.jp/media/pdfs/fukui_202211.pdf

参考文献

(1) 幸徳秋水『社会主義神髄』岩波書店、一九五三
(2) 幸徳秋水全集編集委員会編『大逆事件アルバム　幸徳秋水とその周辺』明治文献、一九七二
(3) 田中伸尚『大逆事件　死と生の群像』岩波書店、二〇一〇
(4) 吉岡金市『神通川水系鉱害研究報告書—農業鉱害と人間鉱害—（イタイイタイ病）』私家版、一九六一
(5) 大原慧『幸徳秋水の思想と大逆事件』青木書店、一九七七
(6) 中村文雄『大逆事件の全貌』三一書房、一九九七
(7) 上田穣一・岡本宏編著『大逆事件と「熊本評論」』三一書房、一九八六
(8) 塩田庄兵衛・渡辺順三『秘録　大逆事件』（下巻）、春秋社、一九六一
(9)「大逆事件」の犠牲者を顕彰する会『九〇年を経て』二〇〇一
(10) 二〇一八（平成三〇）年一月二〇日付け『毎日新聞』

その二　国家権力と人権　あらためて問う

人権闘争宣言

日本海の荒波が打ち寄せる富山湾の海に面した小さな町、泊町が事件の端緒とされた「泊・横浜事件」から八〇年を経て、かねてからの思いであったこの国の虚構に満ち満ちた国家権力による「大逆事件」と「泊・横浜事件」を「細川嘉六ふるさと研究会」では、微力ながらあらためて辿ってみた。本書執筆のきっかけはもちろん、泊町の生まれで、時の権力に屈せず、自らの言論を貫きとおした細川嘉六を「泊・横浜事件」から八〇年を経ても忘れないために、ということがあるが、「まえがき」に書いたように、「泊・横浜事件」全体の再審請求運動にあって、再審請求人であった木村亨の死去後、国の責任を追及し続けた亨の妻、木村まきの死去も筆者らにとって衝撃であった。

「まえがき」には、木村亨・まきを偲び、亨ゆかりの地である和歌山県新宮市に触れ、亨が小学生の頃、母方の祖母・中村きわから「大逆事件」で処刑された新宮の医師・大石誠之助のことを知らされたことも書いた。そして今、第二章、第三章その一で「大逆事件」をひとまずまとめた時、舞台はあらためて新宮に戻り、大石誠之助が「大逆事件」に連座し処刑されて以来、一〇七年ぶりの復権を果たし、新宮市の名誉市民となったことを記述することができた。「大逆事件」からすでに一一〇年余を経て、国家権力による虚構によって人生を奪われた犠牲者たちのことを思うと、筆者は言いようもない胸のつかえに襲われるのをどう伝えればいいのかわからない。

前述したように大石誠之助が新宮市の名誉市民に推挙された時、提案者の上田勝之新宮市議会議員は「中央より遠く離れた人口三万人足らずの小さな町が新宮です。巨大な国家権力を前に国家の非をただす、これこそ新宮の矜持というものではないでしょうか[1]」と述べ、新宮市が今、最も大切にしなければならないものは「人権を守る」ことだと強調した。

木村亨も「泊・横浜事件」で特高による激しい拷問を受けたが、気力と体力でこれを跳ね返した。松坂まき（筆者注：一九八四・昭和五九年に木村亨の妻・正子が病死したのち亨と出会い、結婚、亨の死後、横浜事件再審請求人を継承）がまとめた『横浜事件　木村亨全発言』には「人権を返せ！」と絶叫した亨の言葉が生きている。

私たちの人権闘争宣言

人権こそ人生のいのちです。かけがえのない私たちの尊厳は人権は、何人も侵したり奪うことを許しません。人権は誰からも、どこからも、与えられるものではありません。私たちが自分で闘いとるべきものです。

「太陽がカメラであり、人類が役者であり、歴史がシナリオである」この地球ドラマを真に平和な人間解放のドラマにするために、今こそ私たちは自分の人権に目ざめ、これを自らのものとして闘いとろうではありませんか。

真の民主主義を徹底させ、貫くために[2]

木村亨は、一九九一（平成三）年、最高裁判所から「泊・横浜事件再審請求」の棄却通知を受けた時に「人権に国境はない」と、ジュネーブに飛び、国連人権小委員会で「泊・横浜事件」の不当性を訴えた。まさに中央の権威に属さない新宮人の気質を受け継いできているのであろうか。

ところで、一九一五（大正四）年生まれの木村亨にとって、「大逆事件」は、新宮にいた中学から高校時代でも事件の余韻がまだまだ残っていたという。

大逆事件というのは、あの「大逆」という名前のつけ方からしてわかるように、天皇に刃向かうとこういう目にあうんだという、いわば「見せしめ」として作られた事件だろうね。明治二三年の教育勅語にせよ、明治末のこの事件にせよ、いかにして天皇制を守るかというのが明治政府の最重要課題だったのだと思う。

大石ドクトルが幸徳秋水に連座して刑死したということは、われわれの郷里新宮にとって大変な事件だった。新宮中学時代、ぼくらの一級か二級下に、大石なんとかいうのがいて、大石ドクトルの親戚にあたっていたんだが、彼は中学でずいぶんいじめられてどっかに行っちゃった。（中略）

こんなぐあいだから、大逆事件のあとしばらくは、新宮は「大逆事件の町」と見られていた。そのころ新宮中学から第一高等学校を受けたのがいて、面接で「お前さんは、大逆事件の新宮か」と聞かれたという。そいつは「官立はもうだめだ。あきらめるんだ」って言ってたよ。軍隊なんかも、憲兵と近衛兵は新宮出身者を採らないと言われていた。[3]

「大逆事件」の余韻は、当時の新宮ではまだまだ厳しかったようだ。時代は明治から大正に入っていたが、「大逆事件」という、天皇すなわち国家に刃向かう最大の事件は冤罪どころか、一つの地方も萎縮させる近代であった。

近代日本の再検証

近代日本の出発点は一八六八（明治元）年である。それから既に一五〇年余を経たが、「大逆事件」と「泊・横浜事件」をつなぐように大まかな年表を作成してみた。極めて大ざっぱな説明を年表の間に数ヵ所はさんだが、この時代の区切りはあくまで筆者の独断によるものである。

年表（一八六八・明治元年～一九四五・昭和二〇年）

（参考文献：塩田庄兵衛『日本社会運動史』、治安維持法犠牲者国家賠償要求同盟富山県支部『忘れてならぬ歴史　治安維持法と闘った人びと』）

一、一八六八（明治元）年―一八九五（明治二八）年

一八六八（明治元）年　九月　八日　明治と改元
一八七一（明治四）年　廃藩置県
一八七三（明治六）年　地租改正

一八七四（明治七）年　一月　七日　板垣退助ら民撰議院設立建白書を提出
一八七五（明治八）年　六月二八日　新聞紙条例（一六条）を改定しあらたに讒謗律（八条）制定
一八七六（明治九）年　古河市兵衛、足尾鉱山の経営権を握る
一八七七（明治一〇）年　一月　西南戦争が勃発（九月に終結）
一八七八（明治一一）年　五月　大久保利通が刺殺される
一八八〇（明治一三）年　七月一七日　刑法を発布
一〇月　国安妨害及び風俗壊乱と認める言論に対し内務卿の発禁権を布告
一八八一（明治一四）年一〇月　板垣退助らが自由党を結成
一八八七（明治二〇）年一二月二六日　保安条例公布（自由民権運動弾圧）
一八八九（明治二二）年　一月　足尾鉱山の鉱毒が問題化
二月一一日　大日本帝国憲法発布
一八九〇（明治二三）年　七月二五日　集会及び政社法公布
一八九四（明治二七）年　八月　一日　日清戦争はじまる（一八九五・明治二八年まで）

幕末から近代へ、明治維新はまさに封建社会変革への大転換を促した。廃藩置県という行政改革に、地租改正、次第に明治政府は国家としての統治制度を整えていったが、新政府の近代化政策に不満をいだいたかつての士族層の反乱が相次ぎ、これが自由民権運動に発展した。すでに新政府は新聞紙印

行条例を公布、新聞発行の許可制を敷いていたが、征韓論や民撰議院設立建白書に伴う自由民権運動が全国に広がりはじめ、国民が公然と政治を論ずるようになってきたため、政府は過激な言論を抑えようと、一八七五（明治八）年六月二八日に新聞紙条例（一六条）を改定し、あらたに讒謗律（明治期の日本における名誉棄損に対する処罰を定めた太政官布告）制定に踏み切った。

新聞紙条例改定とともに制定された讒謗律は、「わが国最初の名誉棄損法であり、天皇、皇族、官吏、一般人によって刑の軽重を定めてはあるが、狙いとするのは、官吏に対する誹毀（引用者注・けなしやそしり）を防止することであった[4]」。

明治政府は中央集権化を強めるために、天皇をシンボルに統治のための権力行使を次第に拡大していく。自由民権運動もやがて弾圧や分裂で衰退していったが、特に一八八七（明治二〇）年一二月二六日に突如として公布された「保安条例公布」は、反政府派の指導者や活動家を首都東京から追放するための法律だった。

一八八九（明治二二）年二月、大日本帝国憲法が発布され、明治政府は「殖産興業」とともに明治近代化のもうひとつの柱である「富国強兵」策のもとに、日本は、一八九四（明治二七）年の日清戦争を迎えようとしていた。日清戦争は日本の近代において初めて経験した本格的な対外戦争である。一八九四（明治二七）年夏、日本は清との間で朝鮮に対する支配権をめぐって戦いを始めた。日本は前述したように、欧米の先進技術を取り入れながら産業の近代化を急ぐ一方、軍事力を増強すべく、富国強兵策を進めていたが、明治維新や西南戦争などでの実戦経験を活かし清国を圧倒した。

日清戦争により、近代国家としての存在が諸外国から認められるところまできたが、一方では、足尾鉱毒事件のように、民衆を無視し、犠牲とした国家づくりでもあり、「権力」と「民衆」あるいは「国家」と「個人」という、次代のキーワードが用意されることになった。

二、一八九七（明治三〇）年―一九一一（明治四四）年

一八九七（明治三〇）年　七月　五日　高野房太郎・片山潜ら労働組合期成会結成
一八九八（明治三一）年一〇月一八日　安部磯雄・片山潜・幸徳秋水ら社会主義研究会結成
一八九九（明治三二）年　七月一五日　軍機保護法、要塞地帯法公布
一九〇〇（明治三三）年　三月一〇日　治安警察法公布
　　　　　　　　　　　六月　二日　行政執行法公布
一九〇一（明治三四）年　五月二〇日　安部磯雄・片山潜・木下尚江ら社会民主党結成の宣言（即日禁止）
一九〇三（明治三六）年一一月一五日　堺利彦・幸徳秋水ら平民社創立、『平民新聞』創刊
一九〇四（明治三七）年　二月一〇日　日露戦争の宣戦布告さる
　　　　　　　　　　一一月一三日　『平民新聞』、「共産党宣言」を訳載、発禁
一九〇五（明治三八）年一〇月　九日　平民社、解散を余儀なくされる
一九〇七（明治四〇）年　一月一五日　幸徳・堺ら日刊『平民新聞』創刊（四月一三日発禁）
一九〇八（明治四一）年　六月二二日　大杉栄・荒畑寒村ら「赤旗事件」で逮捕
　　　　　　　　　　　九月二九日　警察犯等処罰令公布（労働争議弾圧にも適用）
一九〇九（明治四二）年　五月　六日　新聞紙法公布（内相に発禁権）

一九一〇（明治四三）年　五月二五日　「大逆事件」の検挙はじまる
　　　　　　　　　　　　八月二二日　韓国併合
一九一一（明治四四）年　一月一八日　幸徳秋水・管野須賀子ら「大逆事件」の被告
　　　　　　　　　　　　　　　　　　二四人に死刑判決（翌日一二人無期懲役に減刑、二四日～二五日死刑執行）

日本の勝利となった日清戦争の日清講話条約のポイントは次のようになっている。
一、清は朝鮮が独立自主の国であることを承認する。
二、日本に対して遼東（りょうとう）半島、台湾、澎湖（ほうこ）諸島を割譲（かつじょう）する。
三、軍費賠償金として二億両（日本円で約三億一〇〇〇万円）を日本に支払う。
四、清と欧州各国間条約を基礎として、日清通商航海条約を締結し、日本に対して欧米列強並みの通商上の特権を与える。[5]

近代化を急ぐ日本にとって、日清戦争の結果、植民地は手に入れ、日本の近代化を推し進めるキーワードの殖産興業は、財閥企業を育成しながら資本主義化を進めた。こうした産業資本主義の確立に従って、工場や鉱山の現場では、労働条件の改善を求めるストライキが各地でおこった。やがて「治安警察法」の制定に至るに及んで、一時高揚した労働組合運動は衰退に向った。

一九〇〇（明治三三）年に制定された「治安警察法」とは、塩田庄兵衛の説明によれば「これは自由民権運動に対する弾圧法規をうけついで一八九〇（明治二三）年に公布された集会及び政社法を、さらに労働運動が台頭してきた新しい情勢に対応して再編成した弾圧立法であった。したがって、集会・結社・言論の自由をきびしく制限すると同時に、民主的大衆運動とりわけ労働争議を取り締まることをあきらかに目的とするものであった」[6]。

治安警察法は一九四五（昭和二〇）年一〇月に廃止されるまで、半世紀近くにわたって、政治・社会運動、労働争議の弾圧に猛威を振るいつづけた。

明治の社会主義運動は、労働組合運動とほぼ時を同じくして始まっているが、思想的にも組織的にも源は異なる。明治の社会主義運動の流れは、無政府主義思想などと混然としており、筆者にはその全容を記述する力はないが、本文の第二章の流れを読んでもらうとおおまかな社会主義運動の動きは掴むことができると思う。

そして、第二章その三に詳述した「赤旗事件」を契機とする「大逆事件」へと、社会主義運動弾圧のために国家権力を虚構の陰謀のために徹底的に利用していく、恐るべき時代がやってくる。

「大逆事件」の捜査では、病気になった松室検事総長に代わり、民刑局長兼大審院次席検事だった平沼騏一郎が指揮をとった。当時の政府は官僚・政党・軍部が勢力をにぎっていたが、その中心人物は、長州陸軍閥の山県有朋、首相は第二次の内閣を組閣していた桂太郎で、この内閣の使命は、植民地の経営や軍備増強とともに社会主義の取締りが大きな使命であった。

当時、司法省でエリートとして将来を嘱望されていた平沼は一九〇七（明治四〇）年、遣外法官としてヨーロッパに派遣され、フランス・ドイツなどの司法制度の勉学にあたったが、この際、滞在中にヨーロッパでも問題となっていた無政府主義やストライキについても見聞した。平沼はおそらくこの時に皇室否定や体制転覆につながる無政府主義が日本でも広がることを懸念したに違いない。[7] 帰国してから、社会主義者を徹底的に鎮圧するという時の桂内閣と、司法省の行政局長で大審院の次席検事を兼ねていた平沼の方向性は一致し、「大逆事件」の対応は政府の意図する方向に突き進んだ。

事件の流れは、第二章その三に書いたが、桂首相も日々事件の行く末を気にしていた。「桂さんは非常に心配し、私は呼ばれて毎朝六時に私邸に行って前日の事を総て報告した。私は、桂さんに、司法大臣に始終報告しているから司法大臣から聴いたら宜しからうと言ふと、いやじかに聴きたいと言はれた。そしてアノ事件は大丈夫だらうなと言はれるので、間違っていたら私は腹を切ると言ふと、お前が切るなら俺も切ると言はれた。陛下には始終総理から申上げていた[8]」と、平沼は回顧録に書いている。

『平沼回顧録』からも、平沼次席検事から桂首相、そして桂から山県元老、渡辺宮相を経て天皇へという黒く太い線が透けて見える[9]」と中村文雄は書いている。戦後、病床にあって平沼は「祖国への遺言」を口述したが、これを読んだ松島榮一と川村善二郎は「平沼は無政府主義者弾圧の研究をして、彼こそフレーム・アップの張本人であるということになるわけだ[10]」と断言した。

三、一九一一（明治四四）年―一九四五（昭和二〇）年

一九一一（明治四四）年　八月二一日　警視庁に特別高等課（特高）設置（一九一二年大阪府、一九二二年〜一九二六年北海道・神奈川・愛知・京都・兵庫・山口・福岡に設置）

一九一四（大正　三）年　七月二八日　第一次世界大戦はじまる

一九一七（大正　六）年一一月　七日　ロシア社会主義革命成功（一〇月革命）
一九一八（大正　七）年　八月　ドイツへ宣戦布告（大戦に参入）

八月二三日　ドイツへ宣戦布告（大戦に参入）

一九一八（大正　七）年　八月　富山から全国に米騒動ひろがる（寺内内閣倒れる）
八月　二日　シベリア出兵宣言
一九二二（大正一一）年　四月二〇日　改正治安警察法公布（婦人の政談集会許可）
一九二三（大正一二）年　九月　一日　関東大震災
九月　二日〜朝鮮人虐殺続く。
九月一六日　社会主義者、大杉栄・伊藤野枝ら殺害
一九二三（大正一二）年　九月　七日　治安維持のための緊急勅令公布（治安維持法の露払い）
一九二五（大正一四）年　四月二二日　治安維持法公布
五月　五日　普通選挙法公布（男子二五歳以上に選挙権）
一九二八（昭和　三）年　六月二九日　治安維持法を緊急勅令により改悪（最高刑を死刑、目的遂行罪新設など）
七月　三日　特別高等警察、全県に設置
一九三一（昭和　六）年　九月一八日　満州事変はじまる（一五年戦争の起点）
一九三二（昭和　七）年　三月　一日　「満州国」建国
一九三三（昭和　八）年　二月二〇日　小林多喜二、築地署で虐殺される
一九三六（昭和一一）年　二・二六事件

一九三七（昭和一二）年　七月　七日　盧溝橋事件、中国に対する全面侵略戦争開始
一九三八（昭和一三）年　四月　一日　国家総動員法発令
一九四〇（昭和一五）年　九月二七日　日独伊三国同盟調印
一九四一（昭和一六）年　三月　七日　国防保安法公布
三月一〇日　治安維持法全面改悪公布（予防拘禁制度追加など）
一二月　八日　米英に宣戦布告。太平洋戦争突入
一二月一九日　言論・出版・集会・結社等臨時取締法公布
一九四二（昭和一七）年　九月一四日　細川嘉六『改造』所載「世界史の動向と日本」で検挙（泊・横浜事件のはじまり）
一九四三（昭和一八）年　五月　神奈川県特高課「泊事件」をでっちあげ
一九四四（昭和一九）年一月〜一九四五（昭和二〇）年六月　『中央公論』『改造』ほかの編集者ら検挙
一九四五（昭和二〇）年　三月一〇日　東京大空襲
八月　六日　アメリカ、広島に原爆投下、九日長崎に原爆投下
八月　ポツダム宣言受諾、日本、連合国に降伏（第二次世界大戦終結）
一〇月一〇日　政治犯約三〇〇〇人釈放
一〇月一五日　治安警察法・治安維持法廃止

一八六八（明治元）年〜一九四五（昭和二〇）年までの年表を作って気がつくのは、一九一一（明治四四）

年の「大逆事件」がこの間の七七年間のほぼ折り返し点になるのではないかということである。つまり明治が始まり、憲法、統治制度ができ、日清・日露戦争にも勝利し、近代国家として対外的にも自信を持ち始めたあたりから、明治国家は天皇をシンボルにナショナリズムのあり方が大きく変質し、ついには「大逆事件」で社会主義・無政府主義を一掃するという思想弾圧の死刑宣告を下した。「大逆事件」は国家主導による個人の抹殺である。国家により、こんなことが行われるのは、「戦争」と「死刑」だけだろう。「大逆事件」の年には特高制度ができ、急激な社会状勢の変化が始まった。

そして第一章で詳述したように、「泊・横浜事件」で猛威を振るう治安維持法の時代へと突き進んでいく。

治安維持法の詳細は第一章で述べたが、先ず第一段階として、治安維持法は一九二五（大正一四）年公布され、「国体（天皇制国家体制）変革」「私有財産制度否認」を目的とした結社を組織する行為に対する処罰（一〇年以下）となった。

第二段階による改正は、一九二八（昭和三）年、緊急勅令による改正で国体変革目的の結社の組織は最高刑死刑とされ、「結社ノ目的遂行ノ為ニスル行為」も同等に処罰（目的遂行罪）されることになった。そして一九四一（昭和一六）年全面改悪され、国体の変革結社を支援する結社、組織を準備する目的の結社（準備結社）、さらにその目的遂行行為も処罰の対象とされた。

この間、一五年戦争の起点となった満洲事変（柳条湖事件）勃発から一気に軍部支配が強まり、一九三六（昭和一一）年の二・二六事件以後、政局は混乱、次々と内閣が交代した。参考のために、二・二六事件以後、太平洋戦争開戦に至るまでの歴代内閣を記述しておく。

岡田内閣（岡田啓介）一九三四（昭和九）年七月八日―一九三六（昭和一一）年三月九日
廣田内閣（廣田弘毅）一九三六（昭和一一）年三月九日―一九三七（昭和一二）年二月二日
林内閣（林銑十郎）一九三七（昭和一二）年二月二日―一九三七（昭和一二）年六月四日
第一次近衛内閣（近衛文麿）一九三七（昭和一二）年六月四日―一九三九（昭和一四）年一月五日
平沼内閣（平沼騏一郎）一九三九（昭和一四）年一月五日―一九三九（昭和一四）年八月三〇日
阿部内閣（阿部信行）一九三九（昭和一四）年八月三〇日―一九四〇（昭和一五）年一月一六日
米内内閣（米内光政）一九四〇（昭和一五）年一月一六日―一九四〇（昭和一五）年七月二二日
第二次近衛内閣（近衛文麿）一九四〇（昭和一五）年七月二二日―一九四一（昭和一六）年七月一八日
第三次近衛内閣（近衛文麿）一九四一（昭和一六）年七月一八日―一九四一（昭和一六）年一〇月一八日
東條内閣（東條英機）一九四一（昭和一六）年一〇月一八日―一九四四（昭和一九）年七月二二日

この歴代内閣の中で、一九三九（昭和一四）年一月五日―一九三九（昭和一四）年八月三〇日までの平沼内閣の首相こそ、「大逆事件」で大審院の次席検事として辣腕を振るった平沼騏一郎である。平沼は「大逆事件」以後、検事総長、大審院長を歴任、政界進出も目論見、皇室中心主義の修養団体「国本社」を結成、右派勢力として軍人らの期待を集め、日中戦争下に首相に就任、日独軍事同盟の成立に苦心したが、独ソ不可侵条約の締結によりわずか七ヵ月余りで総辞職した。ただ平沼はその後の第二次近衛内閣、第三次近衛内閣でも国務大臣を務めたが、長い間、近衛文麿と政治的ライバル関係にあった平沼は、腹心であった内務系官僚の唐沢俊樹を使って、近衛文麿の側近であり、第一次近衛内閣では内閣書記官長、第二次近衛内閣の司法大臣を務めた風見章の追い落としに暗躍したという話がある。この話はまさしく「泊・横浜事件」に関連するもので、「泊・横浜事件」で検挙された木村亨も以下のように証言している。

本項の冒頭で、新宮ゆかりの出身で「泊・横浜事件」の再審請求人であった木村亨が、「大逆事件」について語ったインタビューを紹介したが、木村は、この雑誌の連載「抵抗こそが人生だ」(五)でもこの件でインタビューに答えている。

(聞き手・礫川全次)

――この大逆事件の黒幕は山県有朋で、実際の指揮は平沼騏一郎ですね。平沼騏一郎は、このあと横浜事件の黒幕になるわけで、ここで大逆事件と横浜事件とがつながってくると思ってます。

木村　平沼は、確かにあの頃の黒幕でね。唐沢俊樹内務次官なんかを使って、風見章を引きずりおろす、それによって近衛文麿に打撃を与えるということを狙っていた可能性がある。このあたりについては、黒ちゃんこと黒田秀俊さんの『横浜事件』が詳しい。[11]

黒田秀俊の『横浜事件』から要約すると、風見章が軍国主義やファシズムへの批判を展開していた細川嘉六と親しかったことから、内務省首脳が「泊・横浜事件」を言論弾圧の具に供しようとはっぱをかけていた節があるし、『風見章とその時代』を書いた須田禎一によれば、それ以前のゾルゲ事件の頃から、近衛・風見を政治的に葬ろうとする動きもあったようである。

一方、強制的な思想統制の道具として威力を発揮している治安維持法は、最終の拡張期に入り、日本共産党も、それを前提とする外郭団体も存在しない時代にあって、研究会や読書会のような小さなグループまでを対象としていた。一九四一（昭和一六）年、日米開戦、第二次大戦下における思想・言論活動はがんじがらめにされ、戦争を批判する者、協力しない者は徹底的に弾圧を受けた。自由主義者、民主主義者といわれる言論人・大学教授もねらわれた。また開戦直後の一九四一（昭和一六）年一二月に成立した言論出版集会結社等臨時取締法により、軍部の意向ひとつで新聞、雑誌などが差し止められることも可能になった。そこにはジャーナリズムもなければ言論の自由も存在しなかった。

しかし、『中央公論』や『改造』といった時代をリードするオピニオン誌は「奴隷の言葉」を使いながら、何とか生き延びようとしていた。こうした時代背景のもとで、特高や思想検事が先頭になり、容赦なく弾圧を加えたのが前述した「細川論文事件」、「泊・横浜事件」であった。[12]

明治の「泊・横浜事件」が「大逆事件」、昭和の「大逆事件」が「泊・横浜事件」

明治の「泊・横浜事件」が「大逆事件」、昭和の「大逆事件」が「泊・横浜事件」[13]というフレーズは弁護士の内田剛弘の表現だが、第一章の「泊・横浜事件」と第二章の「大逆事件」の構造は、ともにでっちあげの国家による権力犯罪という意味で、本質的に共通していると言わざるを得ない。「大逆事件」の刑死、「泊・横浜事件」の獄死を象徴的にとらえれば、前述したように「国家主導による個人の抹殺」が、闇から闇へと暴力的に行われた。明治憲法の特徴は、主権者が天皇であった。この天皇制を守るために、「大逆事件」では検事のつくったでたらめな聴取書の内容を被告に承認させ、弁護団の意見も無視し非公開で死刑が言い渡された。「泊・横浜事件」では、治安維持法が思想統制の道具としていかんなく威力を発揮し、「国体」すなわち天皇制を転覆させようとする目的、あるいは「私有財産制度」を否定しようとする目的をもった「結社」を取り締まるものだった。

治安維持法の最大の課題は、それまでの治安警察法が、政治活動や社会運動などの具体的な行為を制限したものであったのに対し、治安維持法は行為ではなく、思想そのものを犯罪として取り締まることにあった。治安警察法と治安維持法の二つの法律で、言論・集会・結社の自由に対する抑圧はあらゆることが可能になっていった。

何度強調しても強調しすぎるということはないと思うが、「国家主導による個人の抹殺」が生まれるのは、「戦争」と「死刑」である。「死刑」（あるいは獄死を含め）についてはこれまで両事件を通じて縷々述べてきたが、「戦争」について言えば、これも「大逆事件」、「泊・横浜事件」で強調しなければならない重要なキーワードだ。

明治維新に始まった日本の近代は、日清・日露・第一次世界大戦と一〇年毎に戦争を繰り返し、日中戦争の泥沼から太平洋戦争へと行き着いた。富国強兵、殖産興業を旗印にした日本の近代化は、幾多の戦争を目論み、多くの民を戦争に巻き込んできた。

多くの民衆の犠牲を生んだ足尾銅山事件については第二章で触れたが、戦争のために「銅は国家なり」と鉱害を無視した鉱山開発を行い、近代化を急いだ。当時、日露戦争への非戦論を説いた社会主義者などには、政府の直接的な弾圧が加えられた。足尾銅山ではないが、筆者がこれまで取材で取り組んできた神岡鉱山では、一八九四（明治二七）年の日清戦争勃発からイタイイタイ病への導火線が敷かれ、日露戦争、第一次世界大戦、日中戦争、太平洋戦争（さらには太平洋戦争の後は朝鮮戦争とベトナム戦争）と、この国がかかわった全ての戦争の犠牲となってきた。

「国家」というもののありようについて、さまざまな視点からあらためて問わなければならない。

国家と個人

ここで今、最も強調しなければならないのは、「人権」ということである。「泊・横浜事件」で特高による激しい拷問を受けた木村亨が最期に声を大にして叫び続けた言葉が「人権」だった。

「国家」と「個人」から導きだされる「人権」の意味について、あまり知識のなかった筆者（向井）が学ぶきっかけを得たのは実は、戦後日本を代表する憲法学者の芦部信喜（あしべのぶよし）（一九二三―一九九九）教授からだった。個人的なことになって恐縮だが、筆者は一九八三（昭和五八）年四月～一九八五（昭和六〇）年三月まで、文部省（当時）が中心となって設立された放送大学（本部・千葉市）へ北日本放送から放送教材制作のために出向した。その際に担当した科目の一つが、芦部教授が主任講師だったラジオの社会系基礎科目「国家と法一」で、芦部教授の講義を直接、放送番組に作り上げるという幸運に恵まれた。放送大学の放送開始そのものは一九八五（昭和六〇）年四月からだった。現在、発刊されている芦部教授の『憲法』は、この時の教材がスタートになっているとのことでうれしい限りだが、「憲法というものは国家権力を制限し、人権を保障する法である」、と述べられた最初の言葉が今も強烈に印象に残っている。

芦部教授は「明治憲法は、立憲主義憲法とは言うものの、神権主義的な君主制の色彩がきわめて強い憲法であった」と述べ、これに対し「近代立憲主義憲法は、個人の権利・自由を確保するために国家権力を制限することを目的とする」とわかりやすく説明し、日本国憲法における「国民主権の原理」について以下のように解説している。（以下は芦部信喜『憲法』より引用）

日本国憲法は、国民主権、基本的人権、平和主義の三つを基本原理とする。これらの原理がとりわけ明確に宣言されているのが憲法前文である。（中略）

前文は四つの部分から成っている。一項の前段は、「主権が国民に存すること」、および日本国民が「この憲法を制定する」ものであること、つまり国民主権の原理および国民の憲法制定の意思（民定憲法性）を表明している。ついで、それと関連させながら、「自由のもたらす恵沢（けいたく）」の確保と「戦争の惨禍」からの解放という、人権と平和の二原理をうたい、そこに日本国憲法制定の目的があることを示している[14]（後略）。

人権について「日本国憲法」第一一条は、「国民は、すべての基本的人権の享有を妨げられない。この憲法が国民に保障する基本的人権は、侵すことのできない永久の権利として、現在及び将来の国民に与えられる」となっているが、「自由権も社会権も、ともに『人間尊厳』性に由来する自然権的な権利として保障していると解することができる」ということであろう[15]。

まさに第二章その三で書いた、「無実の者を罰しないために」と磯部四郎が述べた「〝人は自由なり〟と言う一文章はその字数からすると、実に短いが、この一文の真の意味を社会に知らせるために、数世紀の間に犠牲とした人間の血は、これを集めれば大河ともなるだろう」に通じる。すなわち、個人の自由と生存を保障するという、人間の尊厳性は、当然のことながら人権の根拠であるということになる。人間存在の本質である人権が、徹底的に無視され、国家権力に盲従していったのが、「大逆事件」であり、「泊・横浜事件」であった。中央集権化に凝り固まった戦前の日本で、政治と司法の結託によって、むごたらしい死がこの国にもたらされた。二つの事件の本質は彼らの「行為」ではなく、「思想」や「言論」への人権蹂躙であった。忘れまい、このことを。

そして、「国家主導による個人の抹殺」は今も世界各地で続く。「戦争」である。ロシアの侵攻で始まったウクライナとの戦争は、今も続いている。そしてさらに中東ではイスラエルとパレスチナの激しい戦闘が勃発した。ここでも罪なき命が無惨に奪われている。「国家」とは何か。誰のために、何のために戦うのか、悲劇が繰り返されている。

本書を書き終えるにあたって、国家権力による虚構に人生を奪われた多くの人々の顔が次々に浮んでくる。

「大逆事件」では、警察官の激しい暴虐を忘れず、権力に抵抗した管野須賀子、貧者へのまなざしを忘れず刑場の露と消えた大石誠之助、捏造された最も痛ましい犠牲者の一人・森近運平たち。そして「泊・横浜事件」では、裸にされ、殴る・蹴る、あらんかぎりの拷問を受けた木村亨、自ら溢れ出る喀血に塗れて窒息死した浅石晴世、ムシロをかけただけで凍死した和田喜太郎の獄死。

戦後日本のあらゆる社会問題に果敢に挑み、市民や弱者、少数者の側に、ぶれない軸を立て続けてきたルポライター・鎌田慧(さとし)は特に「大逆事件」に強い関心を持ち、「大逆事件」に光をあてた著作『残夢』により、この国の根底にあった闇を浮き彫りにした。「大逆事件」、「泊・横浜事件」という、国家主導による虚構の犯罪について聞いてみた。

木村まきさんは、小柄な女性で、本やパンフレットを詰め込んだ布製のバッグを引きずるようにして、さまざまな集会に姿をあらわした。編集者として横浜事件で逮捕、拷問を受けた木村亨さんと出会って、三四歳の年齢差を越えて結婚、夫の死後も再審請求をつづけ、昨年(引用者注：二〇二三・令和五年)、マンションの自室で遺体となって発見された。ひたむきな一生だった。おなじ市内にすんでいたので、ときどき、資料をつめこんだ大きな鞄を担いで姿をあらわして、資料を置かれていった。彼女の急死によって、横浜事件が未解決のまま、国家の罪を認めずに終るとしたら、悲しい。

明治の幸徳秋水に代表される「大逆事件」で、逮捕された二六人のひとり坂本清馬の生涯を『残夢』のタイトルで書いた。坂本は処刑されず秋田の刑務所に送られ、戦後も生存して再審を訴え続けた。大逆事件は無実で一二人が処刑された。「冤罪」とも言えるが、誤認逮捕ではなく、デッチ挙げ逮捕であり、政治弾圧としての「捏造」、政治的詐術、フレームアップ、権力犯罪である。「泊・横浜事件」とともに、国家が「社会主義者」弾圧のために市民を巻きこんだとしても、冤罪というべきではなく、政治的な犠牲者と言える。

これまで一五〇冊を超えるルポを発表してきた鎌田にとって、坂本清馬も木村まきも時代を超えて闘い続けた同志であったに違いない。

二〇二三(令和五)年一二月、「国に謝罪させ、二度と戦争をしない国にしたい」と叫び続けた木村まきを偲ぶ声が、ギャラリー「古藤」に輪となってあふれていた。

これからも問い続けたい。国家権力による虚構を! あってはならないのだ。

引用文献

[1] 福井敬「和歌山県新宮市における大石誠之助の名誉回復運動」https://rirc.or.jp/media/pdfs/fukui_202211.pdf
[2] 松坂まき編『横浜事件 木村亨全発言』インパクト出版会、二〇〇二
[3] 木村亨自伝(聞き手・礫川全次)「抵抗こそが人生だ」歴史民俗学研究会『歴史民俗学』六号、批評社、一九九七
[4] 春原昭彦『日本新聞通史』新泉社、二〇〇三
[5] 大谷正『日清戦争 近代日本初の対外戦争の実像』中央公論新社、二〇一四
[6] 塩田庄兵衛『日本社会運動史』岩波書店、一九八二
[7] 萩原淳『平沼騏一郎』中央公論新社、二〇二一
[8] 平沼騏一郎『回顧録』平沼騏一郎回顧録編纂委員会、一九五五
[9] 中村文雄『大逆事件の全体像』三一書房、一九九七
[10] 松島榮一・川村善二郎「手記によせて・平沼騏一郎の面目」『改造』一九五三年五月号、改造社

[11] 木村亨自伝（聞き手・礫川全次）「抵抗こそが人生だ」歴史民俗学研究会『歴史民俗学』一二号、批評社、一九九八
[12] 細川嘉六ふるさと研究会『スモモの花咲くころに　評伝　細川嘉六』能登印刷出版部、二〇一九
[13] 内田剛弘「国家の権力犯罪と司法の責任」横浜事件第三次再審請求弁護団編著『横浜事件と再審裁判』インパクト出版会、二〇一五
[14] 芦部信喜『憲法』第七版、岩波書店、二〇一九
[15] 芦部信喜『憲法』第七版、岩波書店、二〇一九

参考文献

（1）黒田秀俊『横浜事件』学芸書林、一九七五
（2）塩田庄兵衛『日本社会運動史』岩波書店、一九八二
（3）治安維持法犠牲者国家賠償要求同盟富山県支部『忘れてならぬ歴史　治安維持法と闘った人びと』一九八七
（4）神崎清編『大逆事件記録　第1巻　新編獄中手記』世界文庫、一九七一
（5）細川嘉六ふるさと研究会『泊・横浜事件七〇年　端緒の地からあらためて問う』梧桐書院、二〇一二
（6）細川嘉六ふるさと研究会『スモモの花咲くころに　評伝　細川嘉六』能登印刷出版部、二〇一九
（7）萩原淳『平沼騏一郎』中央公論新社、二〇二一
（8）黒田秀俊『横浜事件』學藝書林、一九七五
（9）須田禎一『風見章とその時代』みすず書房、一九八六

あとがき

本書は冤罪という国家による暴力を繰り返してはならないという、関係者・遺族、研究者などの思いを背に受けて、編纂したものである。

取り上げたのは「泊・横浜事件」（一九四三・昭和一七年）と「大逆事件」（一九一〇・明治四三年）で、ともするとそれぞれ歴史のなかの出来事として記憶の底に留まりがちである。しかし、二つの事件の教訓は今日も受け継がなければならない平和や人権といった普遍的価値にかかわる重い内容を私たちに投げかけている。

「泊・横浜事件」については、「細川嘉六ふるさと研究会」の向井嘉之、金澤敏子両氏の取材・執筆により、これまでも刊行が重ねられ、事件の再検証に取り組んできた。細川が顧問としてその発足に関わった「ジャパン・プレス・サービス」の故・瀬谷実や西村央はその出版に参加し、執筆・資料提供などを行ってきた。

今回、焦点をあてたのは、神奈川県特高課がでっち上げた「泊・横浜事件」で不当に逮捕された元『中央公論』編集者の木村亨さんとその妻、まきさんの生涯である。まきさんは、亨さんが亡くなった後も、遺志を継ぎながら「泊・横浜事件」の再審請求に取り組んだ。

木村夫妻の生涯については、ビデオプレス代表の松原明氏によるビデオ作品『横浜事件を生きて』と、木村亨さんを追悼した『人権ひとすじ』の二作がすでに世に出されている。

本書執筆にあたっては、二〇二三（令和五）年一二月一九〜二四日に東京都練馬区のギャラリー「古藤」で開かれた「木村まきさんを偲んで　治安維持法の時代を考える」でのトークイベントや講演から、「泊・横浜事件」で国家の責任を問ううえでの教唆をいただいた。二本のビデオ作品も、連続企画の三日目に上映され、再審に向けた粘り強い努力が描かれ、印象的であった。

「泊・横浜事件」は、単に「横浜事件」ともいわれるが本書では「泊」を付けている。政治学者・細川嘉六が日頃親しくしていた研究者や出版社編集者を郷里の富山県下新川郡泊町（現・朝日町）に招き、慰安の機会を持った。その際に撮った一枚の写真が事実無根の共産党再建の謀議の〝証拠〟とされた。泊はそのでっちあげ事件現場であり、事件をでっち上げたのは神奈川県特高警察であることが事件名に由来する。

編集者ら一行は、一九四二（昭和一七）年七月五・六日に泊町の料理旅館「紋左」に逗留した。「紋左」の別館前には「泊・横浜事件」の顕彰碑が建立されており、旅館の主人によると、今も戦時下最大の言論弾圧事件の現場を訪れる人が絶えないという。本書でとりあげた木村亨さんは慰安旅行の写真に写っている七人のうちの一人であり顕彰碑にその名が刻まれている。

細川は一行を招待した二ヵ月後の九月一四日、当時の総合雑誌『改造』（一九四二・昭和一七年八、九月号）に発表した論文、「世界史の動向と日本」が治安維持法違反とされ、警視庁に検挙された。

その後、神奈川県特高課による編集者らの拷問を伴った取り調べのなかで、細川の名があがり、彼は論文事件とは別に「泊・横浜事件」で追起訴され、この事件の中心的人物として連座させられていった。

言論弾圧に加えて、神奈川県特高課がでっち上げた虚構が「泊・横浜事件」の特徴だったのである。細川は獄中から妻・みね子にあての多くの書簡を残している。このなかでは親族やお世話になった人々への限りないやさしさと思いやりを示しつつ、暗い時代が続かないことを見通していた。終戦直前の一九四五（昭和二〇）年三月一六日付け書簡で、「世の中のこと、国内の出来事、自分の掌の中にみるようです。従来私が深く考え発表してきた通りに続々発現し来り、まことに学問の力を感じます」と書いている。

細川は、治安維持法のもとでの野蛮な弾圧や、でっち上げ事件とは断固たたかい、言論の自由や人権を蹂躙し、命まで奪う野蛮な支配が続かないことを見通していた。そのことを穏やかな表現のなかで伝えていた。

日本中がコロナ禍に包まれていた二〇二一（令和三）年一一月三日、「大逆事件」で死刑宣告を受けた幸徳秋水の郷里である高知県四万十市（旧・中村市）で、幸徳秋水「非戦の碑」の除幕式が行われた。その後、「幸徳秋水を顕彰する会」の田中全（ぜん）事務局長は除幕を報じた新聞[1]によせた寄稿文のなかで次のように述べている。

「秋水の顕彰碑としては一九八三年に建てた絶筆碑（死刑宣告の日、獄中で書いた漢詩）がある。今回二つ目の碑を非戦の碑としたのは、安倍政権により安保関連法が強行採決され、日本が再び『戦争ができる国』に変えられたという危機感がある」。

「大逆事件」の犠牲者は全国に散らばっているだけに、国家権力による冤罪の犠牲者の名誉を回復し、碑の建立などを求める動きは各地にある。

大阪では、二〇二二（令和四）年七月、「菅野須賀子（スガ）を顕彰し名誉回復を求める会」が、須賀子の生誕地・絹笠町（現・大阪市北区西天満二丁目）近辺での顕彰碑建立に向けた活動開始を決めた。大阪生まれの須賀子は新聞記者をしていたが、「大逆事件」に連座したとして処刑された。事件での犠牲者中唯一の女性で享年二九だった。

和歌山県新宮市では、幸徳秋水と交流のあった医師、大石誠之助が天皇暗殺の共同謀議というでっち上げによって処刑された。大石の影響を受けた建築家・西村伊作も連行されたが、釈放され、その後、建築や自由を掲げた教育などで尽力した。新宮では、「『大逆事件』の犠牲者を顕彰する会」が作られ、活動を続けている。

「大逆事件」が起きた一九一〇（明治四三）年は、日本の植民地支配が本格化した時期であり、韓国併合条約が結ばれたのもこの年である。一方で、社会的運動もさかんになり、社会主義者の活動も見られた時期であった。

一九〇八（明治四一）年七月に発足した第二次桂太郎内閣は社会主義者を厳重に取り締まることを基本方針とし、監視体制を強化していた。このなかで起きたのが「大逆事件」で、一九一〇（明治四三）年五月に、爆裂弾の製造・保持をしていたとする長野県での事件をきっかけに、当局は全国で社会主義者・無政府主義者の一斉検挙に乗り出したのだ。

爆裂弾で明治天皇の暗殺を計画したものとして、刑法の大逆罪を適用し、二六人を起訴し、翌年一月、幸徳秋水ら二四人に死刑を宣告した（うち一二人はその後、無期懲役に減刑）。法廷での審理はわずか一ヵ月だった。

でっち上げ事件で社会主義者を抹殺する暴挙に、当時の文学者も声を上げた。作家・徳富蘆花（とくとみろか）は天皇あての公開直訴を『朝日新聞』に送り、秋水ら一二人を処刑しないよう訴えた。

政府の政策に反対する政治・社会活動をする者に対し、でっち上げ事件を起こして弾圧し、時には抹殺してしまう。こうした事例が歴史上作られてしまった。しかし、これを繰り返してはならない。今、「あたらしい戦前」という言葉が出てくるほど、危険な動きがあるなか、二つの歴史的事件からくみ取るべき教訓は多い。年齢を超えた、より広い方々が本書を手に取っていただくことを願ってやまない。

本書発刊にあたっては、多くの方からご協力をいただいた。ギャラリー「古藤」の大崎文子さん、田島和夫さんからは、二〇二三（令和五）年一二月の連続企画「木村まきさんを偲んで」を取材する際には快諾をいただき、資料の提供も得た。永田浩三武蔵大学教授、荻野富士夫小樽商科大学名誉教授からは事件の歴史的背景などについてのご教示をいただいた。

「大逆事件」で国家の責任を追及し、犠牲者を顕彰する活動を続ける各地の方々の協力は大きかった。本書の編集にあたっては、能登印刷出版部、奥平三之さんにご尽力をいただいた。

お世話になった皆様に心からのお礼を申し上げたい。

西村　央

引用文献

［1］『しんぶん赤旗』二〇二一（令和三）年一二月三日付け、西日本版

参考文献

（1）宮地正人監修『日本近現代史を読む』新日本出版刊、二〇一五
（2）『しんぶん赤旗』二〇二二（令和四）年八月三日付け、近畿版
（3）『しんぶん赤旗』二〇二二（令和四）年四月三日付け、週刊日曜版

■出版にご協力いただいた方々（五〇音順）

■諸団体

朝日町
朝日町教育委員会
朝日町立あさひ野小学校
朝日町立ふるさと美術館
朝日町図書館
明科大逆事件を語りつぐ会
安曇野市明科公民館
紀伊民報
「木村まきさんを偲んで」実行委員会
ギャラリー「古藤」
熊野新聞社
熊野地方史研究会
熊本県山鹿市本澄寺
国立国会図書館
ジャパン・プレス・サービス
青年劇場
大安寺
「大逆事件」の犠牲者を顕彰する会
大逆事件の真実を明らかにする会
田辺高山寺
「泊・横浜事件端緒の地」建立委員会
富山県立図書館
長野県安曇野市教育委員会
入善町
入善町教育委員会
入善町立図書館
南方熊楠顕彰館
武蔵大学
横浜事件再審裁判を支援する会
横浜事件の再審を実現しよう！全国ネットワーク
料理旅館「紋左」
和歌山県新宮市立図書館
和歌山県田辺市教育委員会
和歌山県田辺市立図書館

■個人

磯部　忠
上地雅代
太田雄司
岡上るみ子
岡本裕文
大崎文子
大澤慶哲
大杉　豊
荻野富士夫
小野新一
金澤孝二
川嶋　均
齋藤信子
坂井てい
曽我部大剛
園田愛子
園田祐子
竹内栄美子
田島和夫
永田浩三
濱野兼吉
濱野小夜子
平館道子
ふじたあさや
藤原麗子
松原　明
向井敦子
森川文人

■著者略歴

金澤敏子（かなざわ・としこ）

一九五一（昭和二六）年生まれ。富山県入善町在住。

細川嘉六ふるさと研究会代表。イタイイタイ病研究会幹事。

北日本放送アナウンサーを経て、テレビ・ラジオのドキュメンタリーを四〇本余り制作。

主著

『泊・横浜事件七〇年　端緒の地からあらためて問う』（共著、梧桐書院、二〇一二）
『NPOが動く　とやまが動く 市民社会これからのこと』（共著、桂書房、二〇一二）
日本NPO学会審査委員会特別賞
『民が起つ　米騒動研究の先覚と泊の米騒動』（共著、能登印刷出版部、二〇一三）
『米騒動とジャーナリズム　大正の米騒動から百年』（共著、梧桐書院、二〇一六）
平和・協同ジャーナリスト基金賞奨励賞
『スモモの花咲くころに 評伝 細川嘉六』（共著、能登印刷出版部、二〇一九）
『悪疫と飢餓「スペイン風邪」富山の記録』（共著、能登印刷出版部、二〇二〇）
『絵本　みよさんのたたかいとねがい』（共著、能登印刷出版部、二〇二一）
『いのち戻らず　大地に爪痕深く　神通川流域民衆史』（共著、能登印刷出版部、二〇二三）

受賞番組

NNNドキュメント'96『赤紙配達人～ある兵事係の証言～』

一九九六（平成八）年　芸術祭賞放送部門優秀賞　芸術選奨文部大臣新人賞
アジアテレビ映像祭沖縄賞　民間放送連盟賞テレビ教養部門優秀賞
放送文化基金個人賞ほか
KNBスペシャル『人生これおわら』一九九九（平成一一）年　ギャラクシー賞大賞
KNBスペシャル『鍋割月の女たち〜米騒動から八〇年』一九九九（平成一一）年
　　　　　　平和・協同ジャーナリスト基金賞奨励賞ほか
KNBスペシャル『一枚の写真が・・・〜泊事件六五年目の証言〜』
二〇〇七（平成一九）年　ギャラクシー賞奨励賞

向井嘉之（むかい・よしゆき）

一九四三（昭和一八）年東京生まれ。富山市在住。同志社大学文学部英文科卒。
ジャーナリスト。イタイイタイ病研究会幹事。元聖泉大学人間学部教授（メディア論）。

主著

『二一〇万人のドキュメント』（単著、桂書房、一九八五）
『イタイイタイ病報道史』（共著、桂書房、二〇一一）
平和・協同ジャーナリスト基金賞奨励賞
『泊・横浜事件七〇年　端緒の地からあらためて問う』（共著、梧桐書院、二〇一二）
『NPOが動く　とやまが動く』（共著、桂書房、二〇一二）　日本NPO学会審査委員会特別賞
『民が起つ　米騒動研究の先覚と泊の米騒動』（共著、能登印刷出版部、二〇一三）

『イタイイタイ病とフクシマ　これまでの一〇〇年 これからの一〇〇年』（共著、梧桐書院、二〇一四）
『くらら咲く頃に　―童謡詩人 多胡羊歯 魂への旅』（単著、梧桐書院、二〇一五）
日本自費出版文化賞入選、日本図書館協会選定図書
『米騒動とジャーナリズム　大正の米騒動から百年』（共著、梧桐書院、二〇一六）
平和・協同ジャーナリスト基金賞奨励賞
『イタイイタイ病と教育　公害教育再構築のために』（共著、能登印刷出版部、二〇一七）
『イタイイタイ病との闘い 原告 小松みよ』（単著、能登印刷出版部、二〇一八）
『二つの祖国を生きて　恵子と明子』（単著、能登印刷出版部、二〇一八）
『いのちを問う　臓器移植とニッポン』（単著、能登印刷出版部、二〇一九）
『スモモの花 咲くころに　評伝　細川嘉六』（共著、能登印刷出版部、二〇一九）
『イタイイタイ病と戦争 戦後七五年 忘れてはならないこと』（単著、能登印刷出版部、二〇二〇）
『悪疫と飢餓「スペイン風邪」富山の記録』（共著、能登印刷出版部、二〇二〇）
『鈴木忠志と利賀村　世界演劇の地平へ』（共著、能登印刷出版部、二〇二一）
『野辺からの告発　イタイイタイ病と文学』（単著、能登印刷出版部、二〇二二）
『新・ＮＰＯが動く　とやまが動く』（共著、桂書房、二〇二二）
『いのち戻らず　大地に爪痕深く　神通川流域民衆史』（共著、能登印刷出版部、二〇二三）

西村　央（にしむら・ひろし）

一九五〇（昭和二五）年生まれ。埼玉県ふじみ野市在住。

㈱ジャパン・プレス・サービス代表取締役、ジャーナリスト。

四〇年近く、「赤旗」編集局記者として国内外の報道に従事。二〇一七年二月にジャパン・プレス・サービス社へ。

『スモモの花　咲くころに　評伝　細川嘉六』（能登印刷出版部、二〇一九）の編集・出版に参加。

記者として、関西総局、北海道総局、社会部などで、各分野にわたって取材。社会部時代は、神奈川県警による共産党幹部宅盗聴事件の取材チームに参加。一九八〇年代後半に国家機密法制定の動きがあったときは、戦前の国家秘密法制の実態や被害者家族など取材。

一九九四年に外信部に異動。ワシントン特派員を二度にわたって計六年務め、米国の政治、外交をカバー。格差拡大、製造業の衰退問題でも米国各地を取材。リーマンショック後の金融混乱やオバマ政権誕生にも立ち会った。在京時は、外信部デスク、同部長を歴任した。

歴史の歯ぎしりが聴こえる
国家権力による虚構
「泊・横浜事件」と「大逆事件」

二〇二四年四月二〇日　第一刷発行

著　者　向井嘉之・金澤敏子・西村　央

発行人　細川嘉六ふるさと研究会

発行所　能登印刷出版部
〒九二〇－〇八五五　金沢市武蔵町七－一〇
TEL〇七六－二二二－四五九五

編　集　能登印刷出版部　奥平三之

デザイン　西田デザイン事務所

印　刷　能登印刷株式会社

落丁・乱丁本は小社にてお取り替えします。

ISBN978-4-89010-832-9